Władysław Bartoszewski

Das Warschauer Ghetto – wie es wirklich war
Zeugenbericht eines Christen

Mit einem Vorwort
von Stanisław Lem

und Fotodokumenten

S. Fischer

Bildnachweis
Ullstein Bilderdienst, Berlin: für die 3., 5., 6. und 18. Abbildung.
Archives of the General Sikorski Historical Institute, London, und
Archives of the Polish Underground Movement Study Trust, London:
für die anderen Abbildungen.

Erweiterte Ausgabe

© Fischer Taschenbuch Verlag GmbH, Frankfurt am Main 1983, 1986
Druck und Bindung: Clausen & Bosse, Leck
Umschlaggestaltung Buchholz/Hinsch/Walch
Printed in Germany 1986
ISBN 3-10-004808-3

Vorwort

I.

Braucht dieses Buch ein Vorwort? Ist es nötig, diesen Augenzeugenbericht eines Christen über das Warschauer Ghetto und dessen Flammentod im Aufstand gegen die Nazis mit kommentierender Einleitung zu versorgen, dazu noch in der Bundesrepublik Deutschland, in der die Literatur von der deutschen Schuld und Sühne immer weiter anwächst? Anstelle einer Antwort auf diese Fragen will ich ein epistolarisches Ereignis aus letzter Zeit zitieren.

In einem Briefwechsel mit dem Ethnologen Hans Peter Duerr habe ich von einer gewissen Gleichförmigkeit des Verhaltens von Menschen gesprochen, die hilflos dem Massentod entgegenblicken. Paul Feyerabend, dem Duerr meinen Brief zeigte, hat u. a. bemerkt: »Also, nach Lem, verhalten sich alle Menschen bei der Nachricht von einer imminenten Atomexplosion auf sehr einförmige Weise (wie, das sagt er leider nicht). Ich glaube, der gute Herr hat keine Ahnung von der Vielfalt menschlicher Reaktionen. Ein Lustmörder – der hat jetzt endlich Gelegenheit, seiner Lust zu frönen, wenigstens einmal, ganz ohne Bestrafung, also wird er schnellstens nach einem Opfer suchen ... Physisch Liebende werden lustvoll sterben in einer langen Umarmung, denn für einige Menschen ist Orgasmus nur dann vollkommen, wenn er der Auflösung ins Nichts gleichkommt (vgl. den japanischen Film IM REICH DER SINNE) ... Liest man Berichte, wie Menschen auf Ankündigung vom Untergang der Welt reagiert haben, ... so findet man gerade diese Vielfalt von Reaktionen.«

Von Duerr dazu aufgefordert, habe ich erwidert:
»Es geht also um das Verhalten einer Stadtbevölkerung im Bewußtsein des Massensterbens. Wäre ich ein Deutscher – nicht gleich *der* Feyerabend in Person – sondern ein ganz gewöhnlicher Deutscher, ehemaliger Wehrmachtsangehöriger, und sollte ich mich in die Diskussion eines solchen Themas mit einem Polen einlassen, so würde ich zuerst sein Geburtsjahr prüfen. Jahrgang 1921. Ist es von vornherein ganz unwahrscheinlich, daß der Mann die Besatzungszeit im Generalgouvernement verbracht hat? Ist er – Gott behüte – gar ein Jude? Oder ein Halb- oder ein Vierteljude im Sinne der Nürnberger Gesetze? Oder nur im achten Teil? Dann wäre es klüger, ihn nicht belehren zu wollen, *was* ein Massensterben ist, und *wie* sich die Bedrohten verhalten, sonst werde ich mich in eine äußerst unbequeme Lage begeben...

Im Sommer 1942 habe ich oft das Lemberger Ghetto besucht. Seine Bewohner wußten bereits, daß ihnen die Endlösung bevorstand. Letzte Illusionen waren verflogen, nachdem ein älterer jüdischer Herr aus dem Vernichtungslager Bełżec zurückgekehrt war und die dort eingesetzten technologischen Mittel auf das Genaueste zu beschreiben wußte. Auch ich habe damals mit dem Mann gesprochen. Obwohl kein Fachethnologe, habe ich das Verhalten der Juden im Ghetto – immerhin wurden in jenem Herbst etwa 180 000 umgebracht, also *mehr* als in ganz Hiroshima – dicht vor der Massenexekution beobachten können. Meine Beobachtungen können für Feyerabend unsinnig sein. Immerhin ging es um fast zweihunderttausend Menschen. Nun – ich habe eine recht bescheidene Vielfalt von Reaktionen beobachtet. Die Feyerabendschen Lustmörder, die sich noch schnell vor dem Tod austoben wollen, hat es im Ghetto nicht gegeben... Auch koitales, orgasmusorientiertes Verhalten ließ sich nicht feststellen. Die Juden interessierten sich nicht für intensivierten Geschlechtsverkehr, fürs Zeugen, sondern für die bereits von ihnen gezeugten Kinder: die wollten sich nämlich retten. Die meisten Menschen waren auf eine recht banale, ja langweilige Art verzweifelt. Die Verhaltenspalette war also bedauerlicherweise nicht so *bunt,* so mannigfaltig, wie bei Feyerabend, z. B. in seinem Mittelalter. Warum? Herr Feyerabend wird dazu wohl wieder eine seiner originellen Auffassungen haben. Meine ist ganz banal. Im Mittelalter wurde das Jüngste Gericht erwartet. Die Menschheit sollte wegen ihrer Sünden die Höllenfahrt antreten. Niemand wußte aber *wie.* Eschatologisches Denken bekam dadurch Aufschwung und konnte sich schön verästeln. In Lemberg hingegen wußte man genau *wie* und *wo,* nur nicht *wann.* Dadurch wurde alles so eintönig. Ich wundere mich, daß Feyerabend irgendwo im Mittelalter oder im japanischen Film nach Mustern eines bevorstehenden Massentötens sucht, wo er doch zu seinen Lebzeiten... Näherliegendes finden konnte... Der Holocaust sollte ja zur Klassik des Genozids gehören... Ich fühle mich natürlich nicht persönlich gekränkt, aber es ist schon eine Zumutung, wenn ein Deutscher der Vorkriegsgeneration über Massenmord und Auschwitz im leichten Ton redet. Diesem Thema kann ich keine Frivolitäten abgewinnen.«

Die Zitate sind lang ausgefallen, aber ich hielt beide für angebracht. Wenn schon ein deutscher Philosoph, der den Krieg erlebt hat, auf eine derart perfekte Art mit Gedächtnisschwund »die Vergangenheit bewältigt«, ist es nicht nur angezeigt, sondern notwendig, solche Bücher, wie dieses hier, in Deutschland erscheinen zu lassen – und mit Einleitungen zu versorgen.

II.

Als ich im Dezember 1942 die deutsche Firma in Lemberg (damals »Distrikt Galizien im General Gouvernement«), in der ich arbeitete, fluchtartig verlassen mußte, weil meine Papiere »aufgeflogen« waren, und ich mich genötigt sah, die von mir im Beutepark der Luftwaffe geklaute Munition unter der Holztreppe in der Autowerkstatt zu verstecken und »in die Deckung« zu gehen, bevor ich neue Papiere erhalten konnte, wußte ich nicht, daß zu derselben Zeit ein junger Mann, mir fast gleichaltrig, zusammen mit einigen älteren Personen aus der Widerstandsbewegung in Warschau den Hilfsrat für Juden begründet hatte. Zu jener Zeit hat es kein Ghetto mehr in Lemberg gegeben. Die armseligen Buden und kleinen Häuser hinter den Bretterzäunen – eine richtige Mauer wurde bei uns niemals errichtet – standen bereits leer. Ich wohnte damals in dem Gebäude des Lemberger Botanischen Gartens, das an den Lyczakower Friedhof grenzt, und deswegen konnte ich in den Dezembernächten das Knallen hören, wenn die deutschen Treibjäger ihre Handgranaten in die Grüfte warfen, wo sich noch einige aus dem Ghetto geflüchtete Juden versteckt hielten.

An Vieles war ich damals zu glauben bereit, an die Niederlage des Dritten Reiches an erster Stelle, niemals aber daran, daß ich 41 Jahre später in Berlin einleitende Worte zu einem Buch wie diesem hier in deutscher Sprache schreiben würde. Wie aber die zynisch-klugen Franzosen behaupten, wer nur lang genug lebt, der wird alles, wie auch das Gegenteil von allem erleben. Die Deutschen, die vor einem halben Jahrhundert Abermillionen von Polen, Russen, Juden mit Fließbandtechnik ermordet haben, bauen heute besondere Unterführungen für Kröten, damit das Krötenvolk keinen

Schaden auf den Autobahnen erleidet, und anstelle von Zyklon, mit dem Menschen wie Wanzen vergast worden sind, werden heute vitaminhaltige Nährstoffe für Kanarienvögel und Goldfische produziert. Tempora mutantur, nos et mutamur in illis, nicht wahr?

Der junge Mann aus Warschau, von dem ich oben gesprochen habe, hieß Władysław Bartoszewski. Im Manuskript dieses Buches hat er dort, wo er die Begründer der »Organization Żegota« – des Hilfsrates für Juden – aufzählt, einen Namen mit schwarzer Tinte gestrichen. Das war sein eigener Name. Doch ich spreche ihm das Recht zu einer solchen Bescheidenheit ab. Ich tue es nicht in bezug auf Professor Doktor honoris causa Władysław Bartoszewski, Autor ungezählter zeitgeschichtlicher Abhandlungen, Chroniken und Nachschlagewerke über die Problematik der deutsch-polnisch-jüdischen Beziehungen und über die Besatzungszeit in Polen, sondern in bezug auf den knabenhaften, einundzwanzigjährigen Wladek Bartoszewski, der, bald nach seiner Freilassung aus dem KZ-Lager Auschwitz, sich keine andere Tätigkeit zu suchen wünschte, als die Juden vor dem Mord aus deutscher Hand zu retten. Das einzige dafür festgesetzte Strafmaß war damals die Todesstrafe, auch wenn es sich nur um eine flüchtige, einmalige, einem Juden erwiesene Hilfe handelte.

Ich habe einen Hang zur Statistik. Ich weiß aber nicht, ob irgendjemand irgendwann versucht hat, die durchschnittlichen Überlebenschancen der polnischen Widerstandskämpfer zu errechnen. Zweifellos waren sie unterschiedlich, je nachdem, ob es um diejenigen ging, die in Großstädten tätig waren oder um andere, die Wald und Wiese zum Operationsgebiet hatten. Die Lage aber, in der die Judenretter zu wirken hatten, war einmalig und ließ sich mit derjenigen der Untergrundkämpfer nicht vergleichen.

Erstens, nicht überall in Europa unter dem Hakenkreuz war es eine Herausforderung des Todes, Juden zu helfen – aber im Generalgouvernement war das der Fall bis zu seinem letzten Tag.

Zweitens, angesichts des von den Deutschen industrialisierten Mordens und der Massen wehrloser Opfer wie auch der im Verlauf der Besatzungszeit stetig dezimierten polnischen Bevölkerung, war es im voraus klar, daß nur ein kleiner Bruchteil der Opfer gerettet werden konnte. In dieser Hinsicht hat es von Anfang an keine Illusionen gegeben.

Der Alltag der Judenhelfer wimmelte von kritischen Situationen, wovon Bartoszewski in diesem Buch berichtet. Irgendein planmäßiges Vorgehen, mit genügender Absicherung gegenüber Spitzeln, Erpressern, deutschen Fallen und Provokationen, von welchen Bartoszewski auch viel zu sagen weiß, war ausgeschlossen. Was auch geplant oder vorbereitet wurde, scheiterte oft an irgendeinem bösen Zufall, und der Helfer, der sich nicht rechtzeitig zurückgezogen hatte, sondern das größer werdende Risiko hinnehmen wollte, mußte manchesmal das tödliche Los der Juden teilen.

Man darf befürchten, daß unser Zeitalter als das des Völkermordes in die Geschichtsschreibung eingehen wird. Polnische Erde wurde zum ersten europäischen Schauplatz des modernen Genozids. Damals wunderte sich das Volk, wieso sich solch kolossale Menschenmassen nicht zur Wehr setzten. Einige Jahrzehnte später, als Kambodscha zum Schauplatz eines Massenmordes wurde, und zwar mitten im Weltfrieden, war es bereits verständlich geworden, daß auch der größte Mut allein nichts gegen eine enorme Übermacht leisten kann. Wie wir bereits erfahren haben, ist das Böse vielgestaltiger und in seinem blutdürstigen Vorgehen auch effektiver als das Gute.

Władysław Bartoszewski hat also sehr viel Glück gehabt, daß er mit dem Leben davonkam. (Was er später erleben mußte, steht auf einem anderen Blatt.) Von Anfang an war er im Untergrund auch journalistisch aktiv, aber erst in den späten Nachkriegsjahren wurde er zu einem der profiliertesten Kenner der grausamen Besatzungszeit. Er ist Christ und hat als Christ gehandelt. Aber Erwägungen moralistischer Art sind in seinen Schriften kaum zu finden. Er wendet sich mit allen seinen Büchern an den Leser, damit das Vergangene nicht vergessen wird.

Auf diese Weise ist er zum Chronisten der Besatzungsgeschichte geworden und zum Erforscher der beiden Warschauer Aufstände – des jüdischen von 1943 und des letzten, im Jahr 1944, als ganz Warschau zusammen mit der Hälfte seiner Bewohner zerschmettert wurde. Seine Aufsätze, Chroniken und Bücher könnten, sogar auf mehrere Federn und Menschen verteilt, einem jeden von ihnen als Autor zur Auszeichnung werden. Die großen zeitgeschichtlichen Bände von Bartoszewski sind zu unersetzlichen Quellen für jeden Forscher über jene Zeit geworden. Es ist erfreulich und lobenswert, daß der junge Mann aus Warschau 1942 nicht in seinen journalistischen Versuchen von damals steckengeblieben ist, sondern sich zu einem weitbekannten, gelehrten, vielseitigen Historiker entwickelt hat. Wahrhaftig darf man hier von einem glücklichen Zusammenspiel von angeborener Intelligenz, Fleiß, Begabung und intellektueller Reifung reden.

Für mich aber ist etwas ganz anderes an ihm wichtig. Noch niemals in der Geschichte, hat Winston Churchill anläßlich des Luftkrieges um England gesagt, hing das Los so vieler von so wenigen ab. Diese wenigen waren über England Flieger in bewaffneten Maschinen, den Deutschen ebenbürtig. Bartoszewski ist aber einer der wenigen, die waffenlos, im ungleichen Kampf, mit dem einzigen Gut, das ihnen zur Verfügung stand, ihrem Leben, nicht nur viele andere Menschenleben gerettet haben, sondern auch die Ehre unserer Nation.

Berlin, im März 1983   Stanisław Lem

Das Warschauer Ghetto – wie es wirklich war

Mehr als vierzig Jahre sind bereits seit den Ereignissen vergangen, die unter der zynischen Tarnbezeichnung »Endlösung der Judenfrage« in die Geschichte eingegangen sind. Der Mechanismus und der Umfang der beispiellosen Untaten wurden während der großen Nachkriegsprozesse gegen Naziverbrecher und vor allem im Verlaufe des Eichmann-Prozesses vor dem Tribunal in Jerusalem der Öffentlichkeit deutlich genug dargelegt. Viel weniger bekannt jedoch sind die Probleme der Zusammenarbeit jüdischer und nichtjüdischer Untergrundorganisationen zur Durchführung humaner Hilfsaktionen und zur Rettung des Lebens der vom Tode Bedrohten. Aus verständlichen Sicherheitsgründen mußte diese Aktivität damals streng geheimgehalten werden. Schon während des Krieges ging ein Teil der Dokumente verloren, und heute leben nicht mehr viele Leute, die mit dieser Aktion unmittelbar verbunden waren. Trotzdem sollten diese Tatsachen nicht in Vergessenheit geraten. Das Gedenken an die Zusammenarbeit von Juden und Nichtjuden im vom Hitler besetzten Europa, das Gedenken an die geheimen Kontakte der jüdischen und polnischen Untergrundbewegung mit der freien Welt (Großbritannien, den Vereinigten Staaten und dem damaligen Palästina), die unter Lebensgefahr aufrechterhalten wurden, ist von einer überaus großen historischen und erzieherischen Bedeutung.

Meine Heimat ist Polen, meine Geburtsstadt Warschau. Im Jahre 1939 war jeder zehnte Einwohner Polens und jeder vierte Einwohner Warschaus Jude. In Polen fanden auch zahlreiche Flüchtlinge Schutz, die vor den Naziverfolgungen in Deutschland und Österreich in meiner Heimat Zuflucht suchten. Die ersten Bomben der Hitler-Luftwaffe fielen auf Warschau. Die Stadt wurde am 1. September 1939 bombardiert und nach einigen Tagen bereits von der sie einkreisenden Hitler-Armee unmittelbar bedroht. Von den Eindrücken jener in Warschau erlebten schweren Tage blieben mir besonders die Opferbereitschaft und die Hingabe, mit welcher die Juden – einschließlich ihrer für gewöhnlich in völliger Isolation von der polnischen Umgebung lebenden orthodoxen Glaubensbrüder –, Schulter an Schulter mit uns freiwillig Barrikaden errichteten und am Kampf teilnahmen. Nach der einige Wochen dauernden Belagerung mußte Warschau als einer der letzten Orte, die Widerstand leisteten, kapitulieren. Damals nahmen die tragischen Jahre der Okkupation ihren Anfang, die, wie man gleich wußte, für Polen und Juden sehr schwer sein würden. Zum Problem wurde die so starke Massierung der jüdischen Bevölkerung im besetzten Polen. Der Versuch, sie zu retten, kann nicht betrachtet werden, ohne die Lebensbedingungen des polnischen Volkes zu kennen, die anders und bedeutend schwieriger waren als zum Beispiel jene der Franzosen, Belgier, Holländer oder Dänen. Nur die Völker der besetzten Länder Osteuropas waren neben den Juden im Fall eines Sieges Hitlers zur völligen Ausrottung verurteilt: Während des Nürnberger Prozesses wurde Himmlers sogenannter »Generalplan Ost« der Öffentlichkeit bekannt, demzufolge 50 Millionen Slawen, darunter etwa 20 Millionen Polen, nach dem Sieg über die Sowjetunion zwangsweise nach Sibirien umgesiedelt und die polnische Intelligenzschicht völlig beseitigt werden sollten.

Die Pläne für die Vernichtung der Juden in Polen wurden von den Nationalsozialisten in solch perfekter Weise in Etappen durchgeführt, daß sowohl die jüdische Gemeinschaft als auch wir alle bis zum Ende des Jahres 1941 über die grauenvolle Situation und über die endgültigen Absichten der Nazis keine völlige Klarheit hatten.

Die für das Verhalten gegenüber den Juden in den besetzten Gebieten Polens verbindlichen Reglements wurden bereits am 21. September 1939 in Berlin festgelegt, also bevor der Polenfeldzug zu Ende war. Der Chef des Reichssicherheitshauptamtes (RSHA), Heydrich, empfahl den Führern der Einsatzgruppen der Sicherheitspolizei, in der Lösung der Judenfrage zwischen »dem Endziel, das längere Zeit erfordert, und einzelnen Etappen, die auf das Endziel hinführen – und in kürzeren Zeiträumen erreicht werden – zu unterscheiden«. Er betonte dabei, daß »alle geplanten Schritte, einschließlich also des Endziels, streng vertraulich und geheim zu halten sind«.

Die erste Etappe bestand in der Konzentrierung der gesamten jüdischen Bevölkerung in bestimmten Städten und der gleichzeitigen Einsetzung lokaler Ältestenräte, denen »die volle Verantwortung ... für die genaue und termingemäße Ausführung aller erlassenen Ausweisungen« auferlegt war. Eine Anordnung Himmlers vom 30. Oktober 1939 verfügte, alle Juden aus Pommern, der Provinz Posen und Oberschlesien, zusammen mit einer beträchtlichen Zahl »der besonders feindselig eingestellten polnischen Bevölkerung«, in das sogenannte Generalgouvernement, das im Gebiet Zentralpolens eingerichtet worden war, innerhalb von vier Monaten umzusiedeln.

Dieser Plan wurde mit größter Rücksichtslosigkeit in

die Tat umgesetzt. Man transportierte einige tausend Menschen, Polen wie Juden, im Laufe der Wintermonate 1939/40 in ungeheizten Viehwagen ohne die geringste Versorgung vor allem in das Gebiet der Woiwodschaften Lublin, Krakau und Kielce; unterwegs bereits hielt der Tod reiche Ernte.

Im Generalgouvernement wurden unterdessen immer neue, die Juden betreffende diskriminierende Anordnungen erlassen. Die Besatzer übertrugen die Verantwortung für den Lebensunterhalt der jüdischen Bevölkerung neu geschaffenen Judenräten, ohne ihnen jedoch zugleich auch die entsprechenden Mittel dafür zu garantieren. Man schränkte die Wahl des Aufenthaltsortes und die Bewegungsfreiheit der Leute, die als Juden galten, durch die Gesetzgebung der Okkupationsbehörden ein, ebenso begrenzte man praktisch auch in großem Maße das Recht auf Eigentum. Man verpflichtete die Juden, eine weiße Armbinde mit einem blauen Stern zu tragen. Zu den schmerzlichsten Methoden der Unterdrückung gehörte jedoch die Zwangsarbeit für Personen im Alter von 14 bis 60 Jahren, die man in besonders rücksichtsloser Weise durchführte. Zu Anfang des Jahres 1940 richteten die Deutschen auch die ersten Zwangsarbeitslager für Juden ein. »Das, was wir über die Lager für Juden, die seit Frühjahr vorigen Jahres bestehen, wissen, ist geradezu entsetzlich«, berichtete das »Biuletyn Informacyjny« (das »Informations-Bulletin«), das Presseorgan des konspirativen Bundes des Bewaffneten Kampfes (Zwiazek Walki Zbrojnej – ZWZ), in der Nummer vom 9. Januar 1941:

»Ein Judenarbeitslager unterscheidet sich eigentlich durch nichts von Auschwitz. Menschen, die überhaupt nicht auf Feldarbeit im Winter vorbereitet sind, ohne entsprechende Kleidung, kläglich ernährt, werden aus Gehöften und Dörfern getrieben und in ungeheizten

Scheunen und Schuppen einquartiert, um Befestigungsanlagen zu bauen. Die Behandlung ist sadistisch! Die Sterblichkeit enorm hoch!«

Gleichzeitig hörte man aber auch von Erschießungen vieler hundert Polen in Poznan, Bydgoszcz und in der Umgebung von Warschau. Zur selben Zeit wurden auch Zehntausende aktive Vertreter des polnischen kulturellen Lebens, wie Wissenschaftler (unter ihnen Professoren der Jagellonen-Universität von Krakau), Lehrer, Juristen, Priester, Staatsbeamte und Funktionäre politischer Parteien, in die Konzentrationslager in Sachsenhausen, Dachau und in das neu errichtete Lager in Auschwitz gebracht. Alle diese Umstände erschwerten es in den ersten Monaten der Okkupation, die tatsächlichen Pläne der Nazis den Juden gegenüber zu erkennen. Erst die Schaffung von Ghettos, die in den größeren Städten Zentralpolens im Herbst 1940 und am Anfang 1941 erfolgte, erweckte größere Beunruhigung.

In Lodz – der der Einwohnerzahl nach zweitgrößten jüdischen Siedlung in Polen – hatte man in den ersten Monaten 1940 – auf Grund der Anordnung vom 8. Februar 1940 – ein Ghetto eingerichtet, das als vorläufiger Isolationsbezirk gedacht und zugleich – in Wirklichkeit – ein großes Zwangsarbeitslager war. Auf einem Terrain von etwa 4 qkm hatte man über 160 000 Menschen zusammengepfercht; d. h. im Durchschnitt 6 Personen in einem Wohnraum. Fast alle – einschließlich Kinder von 10 Jahren an – wurden in Industriebetrieben beschäftigt, aus denen Hunderte deutscher Firmen riesige Gewinne herausholten. Allmählich siedelte man im Ghetto von Lodz auch noch arbeitsfähige Juden aus Brest in Kujawien, Belchatow, Wielun, Sieradz, Zgierz, Brzeziny, Pabianice und vielen anderen Ortschaften an. Im Herbst 1941 trafen etwa 20 000 aus Wien, Berlin, Frankfurt am Main, Hamburg, Düsseldorf, Köln, Emden, Luxemburg und Prag deportierte Juden ein.

Im Generalgouvernement entstand das erste Ghetto in Piotrkow – und zwar schon im Oktober 1939 –, aber in den beiden größten jüdischen Siedlungsbezirken wurden Ghettos erst bedeutend später errichtet: in Warschau im November 1940, in Krakau erst im März 1941. In den Grenzen des mit hohen Mauern umgebenen jüdischen Wohnbezirkes in Warschau hatte man anfangs ca. 400000 Menschen zusammengepfercht. Die Lebensbedingungen in den Ghettos erwiesen sich bald als unerträglich. Das schon erwähnte »Biuletyn Informacyjny« widmete am 23. Mai 1941 den Leitartikel der Beschreibung und Analyse dieser Zustände:

»... Die Absonderung der Juden hatte viele Folgen, vor allem wirtschaftliche. Das Ghetto war verurteilt zum Handel ausschließlich unter Glaubensbrüdern, deren Mehrheit nicht vermögend war, ja, der größte Prozentsatz waren absolute Habenichtse. Das Abgeschnittensein von der Außenwelt machte die Zufuhr von Lebensmitteln unmöglich und erschwerte erheblich deren Schmuggel. Das mußte die sich ausbreitende Not sehr beschleunigen und vergrößern. Das Zusammenpferchen der Juden im sonst schlechtesten Stadtteil hatte schlimme Folgen für ihre Gesundheit. Als Beispiel nennen wir einige Details aus dem Warschauer Ghetto: Das Ghetto wurde in einem ungewöhnlich dicht bebauten Stadtteil errichtet. Man hat es so eingegrenzt, daß es keinen Park besitzt und nicht an die Weichsel heranreicht; die einzige mit Grünem bewachsene Fläche ist der Friedhof. Die Enge ist unvorstellbar. In einem Wohnraum leben durchschnittlich 6 Personen, manchmal jedoch bis zu 20. Nach Angaben des Einwohnermeldeamtes kommen in ganz Warschau auf einen ha 70 Menschen, im Ghetto dagegen 1 110.

20

Das Abgeschnittensein von der Umwelt beraubte einen beträchtlichen Teil der Juden des Einkommens. Auf dem Terrain des Ghettos haben kaum zwischen 10 und 20% eine Beschäftigung in Läden oder Werkstätten... Außerdem verschwindet das Vermögen der Juden durch Schmuggel nach draußen. Das Ghetto, das zum Binnenhandel verurteilt war, verkauft sich, denn das ist die einzige Möglichkeit, Geld zum Überleben zu bekommen. Infolge fehlender Zufuhr von Waren und Rohstoffen verbrauchen sich die alten Reserven immer mehr. Das Sich-Verkaufen verursacht immer größere Verarmung. Die Preise für Industriegüter sind im Ghetto nicht viel höher als vor dem Kriege, indessen sind die Lebensmittelpreise, die schon in ganz Warschau entsetzlich hoch sind, im Ghetto noch weitaus höher. Wenn man bedenkt, daß die Juden nur Brot auf Karten bekommen, und zwar 750 Gramm wöchentlich, und wenn man dazu noch das völlige Fehlen von Heizmaterial im Winter hinzunimmt – dann kann man sich die Entsetzlichkeit der Lage dieser Bevölkerung vorstellen.

Im Januar hat man begonnen, in das schon überfüllte und ausgehungerte Ghetto von Warschau Juden aus Städten und Dörfern des Distrikts Warschau zu bringen. Die Bevölkerungszahl wuchs an die 500 000. Als Folge dieser zunehmenden Enge im Ghetto traten unbeschreibliche hygienische und sanitäre Verhältnisse ein. Es herrschen Hunger und unsagbare Not. Durch die überfüllten Straßen schleichen tatenlose Mengen bleicher, ausgemergelter Menschen dahin, an den Wänden sitzen und liegen Bettler, nicht selten ist der Anblick eines vor Hunger Zusammenbrechenden. Das Heim für Findlinge wächst tagtäglich um mehr als zehn Säuglinge, auf der Straße sterben jeden Tag einige Menschen. Seuchen verbreiten sich, vor allem Tuberkulose.

Gleichzeitig hat die Ausplünderung wohlhabenderer

Juden durch die Deutschen nicht aufgehört. Ihr Umgang mit Juden ist nach wie vor unmenschlich. Mißhandlungen, wilde, bestialische ›Vergnügungen‹ sind an der Tagesordnung.«

Die Sterblichkeit, besonders bei Kindern und Alten, im Ghetto wuchs auf mehr als das Zehnfache im Vergleich zum Vorkriegsstand an; einige Beispiele: in Lodz betrug die Zahl der eines natürlichen Todes Gestorbenen 1942 159,8 von 1 000 jüdischen Einwohnern, während sie vor dem Kriege 9,6 von 1 000 nicht überschritten hatte; in Lublin starben 1941 47,5 von je 1 000 Juden, während sich die Vorkriegssterbeziffern auf 12,6 von 1 000 beliefen. Immer deutlicher traten die materiellen Mißstände zutage.

In dieser Lage wurden zahlreiche Polen vor die moralische Notwendigkeit gestellt, den Juden zu helfen, die, um die Ghettoisierung zu vermeiden, bemüht waren, sich zu verstecken. Jedoch nur wenige der zur Isolation verurteilten Juden, vor allem wenn sie Intellektuellen- und Künstlerkreisen angehörten, entschlossen sich sofort, das Risiko eines illegalen Daseins auf sich zu nehmen und mit gefälschten Dokumenten unter »arischen« Namen zu leben.

Offensichtlich wurden für die Mehrzahl der Menschen sowohl die Bindungen des Milieus und der Familie als auch die wirtschaftlichen Bedingungen zu einem hemmenden Faktor. Man gab sich der Täuschung hin, der Sieg der Alliierten läge nicht fern und der zwangsweise Aufenthalt in den Ghettos würde nicht lange dauern.

Die Fluchtversuche aus dem Ghetto häuften sich aber im Laufe der Zeit. Die Zahl der Juden, die sich unter der polnischen Bevölkerung und mit ihrer Hilfe versteckten, stieg bedeutend an. Diese Tatsache, den Nazis zweifellos bekannt, veranlaßte sie zu Repressalien. In der Verordnung von Hans Frank vom 15. Oktober 1941 hieß es: »Juden, die den ihnen zugewiesenen Wohnbezirk unbefugt verlassen, werden mit dem Tode bestraft. Die gleiche Strafe trifft Personen, die solchen Juden wissentlich Unterschlupf gewähren... Anstifter und Gehilfen werden wie der Täter, die versuchte Tat wird wie die vollendete bestraft.«

Der Verkauf oder das Verschenken von Lebensmitteln, ja selbst das Überreichen eines Glases Wasser an einen Verdurstenden, wurden bereits als Hilfeleistung an die Juden gewertet. Unter solchen Bedingungen zog jeder Versuch, den Verfolgten zu helfen, bereits in der Zeit vor deren Massenvernichtung das Risiko der Ausrottung ganzer Familien nach sich, weil die Nazis in diesem Fall für gewöhnlich das Prinzip der Kollektivschuld anwendeten.

In den letzten Monaten des Jahres 1941 und zu Beginn des Jahres 1942 trafen in Warschau, Krakau und anderen Zentren des polnischen Widerstandes im Landesinneren Nachrichten über Massenerschießungen von Juden ein. Sie setzten in den ersten Monaten nach dem am 22. Juni 1941 begonnenen Krieg gegen die UdSSR in den von den Deutschen besetzten Gebieten ein. Sie berichteten von Massenexekutionen im Gebiet von Bialystok, in Wilna, in der Stadt Nowogrodek und der Woiwodschaft Nowogrodek, in Polesien und Wolynien, in Lemberg und der Woiwodschaft Lemberg, auch in Stanislawow und Tarnopol.

Im Dezember 1941 hatte man das Vernichtungslager Chelmno am Ner »in Betrieb genommen«, wo man Männer, Frauen und Kinder aus den kleinen Städten des »Warthegaus« und aus dem Ghetto von Lodz in den Tod schickte. Diese Nachrichten wiederholte die polnische Untergrundpresse, die Mehrheit der jüdischen Bevölkerung glaubte ihnen jedoch nicht. Wie gewöhnlich in Situationen der Not und Isolation gaben sich die Juden, wie auch die in Gefängnissen und Lagern eingesperrten Polen, der Hoffnung auf wirksames Eingreifen der Alliierten und ein schnelles Ende des Krieges hin. Einer der Jugendfunktionäre des »Bundes« im Warschauer Ghetto, Marek Edelman, schrieb darüber 1945:

»Das Warschauer Ghetto glaubte diesen Informationen nicht. Alle diese Menschen, die so am Leben hingen, konnten nicht glauben, daß es ihnen auf solche Weise genommen werden könnte. Allein die organisierte Jugend, die das allmähliche Anwachsen des deutschen Terrors aufmerksam beobachtete, hielt diese Berichte für wahr, glaubte an die Tatsache dieser Vorgänge und beschloß, eine breite Propagandaaktion zur Aufklärung der Bevölkerung durchzuführen.«

Am 20. Januar 1942 fiel in Berlin – wie bekannt – die Entscheidung über die »Endlösung der Judenfrage«. Im Protokoll der Beratung, die unter der Leitung des Chefs des Reichssicherheitsamtes (RSHA) stattfand, hieß es:

»Anstelle der Auswanderung ist nun mehr als weitere Lösungsmöglichkeit nach entsprechender vorheriger Genehmigung durch den Führer Evakuierung der Juden nach dem Osten getreten. Diese Aktionen sind jedoch lediglich als Ausweichmöglichkeiten anzusprechen, doch werden hier bereits jene praktischen Erfahrungen gesammelt, die im Hinblick auf die kommende Endlösung der Judenfrage von wichtiger Bedeutung sind.

Im Zuge dieser Endlösung der europäischen Judenfrage kommen rund 11 Millionen Juden in Betracht... Im Zuge der praktischen Durchführung der Endlösung wird Europa vom Westen nach Osten durchkämmt...

Staatssekretär Dr. Bühler stellte fest, daß das Generalgouvernement es begrüßen würde, wenn mit der Lösung dieser Frage im Generalgouvernement begonnen würde, weil einmal hier das Transportproblem keine übergeordnete Rolle spielt und arbeitseinsatzmäßige Gründe den Lauf dieser Aktion nicht behindern würden. Juden müßten so schnell wie möglich aus dem Gebiet des Generalgouvernements entfernt werden...«

Die Menschen waren nicht imstande, sich vorzustellen, daß die völlig grundlose Ermordung Tausender unschuldiger Frauen, Männer und Kinder möglich sei. Im Laufe des Jahres 1942 jedoch ging auch der letzte Rest an Illusionen verloren; die Deutschen begannen mit der vollständigen Liquidierung der Ghettos in verschiedenen Teilen Polens, indem sie ihre Bewohner unter dem Vorwand der Umsiedlung in die neugeschaffenen Vernichtungslager Treblinka, Sobibór, Belzec, Auschwitz-Birkenau und Majdanek verschickten.

Im März 1942 begann die Aussiedlung der Juden aus Lublin und dem Lubliner Land sowie der Städtchen in der Umgebung von Warschau. Überall fanden dieselben Methoden Anwendung: Die Nazipolizei erschoß die Kranken und Gebrechlichen in ihren Wohnungen, in Krankenhäusern und Asylen, die Kinder in Waisenhäusern, die Gesunden wurden mit ungewöhnlicher Brutalität zu den Transporten getrieben.

»Angesichts fehlenden unmittelbaren Kontaktes mit der Provinz nimmt das Warschauer Ghetto diese Nachrichten mit Mißtrauen auf, führt tausende Argumente an, die selbst das kleinste Quentchen Wahrscheinlichkeit dieser Berichte zerstören, es verbietet sich den Gedanke daran, daß sich ein ähnliches Verbrechen in der Hauptstadt Polens wiederholen kann, wo mehr als 300 000 Juden wohnen«, so berichtete Marek Edelman 1945.

Am 17./18. April 1942 veranstaltete die Gestapo nachts einen Massenmord auf den Straßen des Ghettos: 52 Männer, darunter viele geachtete Funktionäre, wurden aus ihren Wohnungen geholt und auf der Straße erschossen. »Tags darauf ist das ganze Ghetto bestürzt, benommen, aufgebracht, stellt Vermutungen an, was wohl der Grund dieser Exekutionen gewesen sein mag. Die Mehrheit ist der Meinung, die Tatsache, daß man Redakteure illegaler Zeitungen hingerichtet habe, bedeute, die ganze Aktion sei gegen politische Funktionäre gerichtet, man müsse aufhören politisch zu agieren, um nicht unnötig die ohnehin schon große Zahl der Opfer zu vergrößern.« (Edelman)

Am 30. April 1942 wurde im »Biuletyn Informacyjny« ein Leitartikel unter dem Titel »Die Juden« veröffentlicht, der u. a. den Verhältnissen, die im Warschauer Ghetto herrschten, gewidmet war:

»... Es gibt eine Reihe sogenannter ›spezieller‹ Häuser, in denen die Ärmsten der Armen wohnen, in denen der Tod überreiche Ernte hält. Z. B.: In dem gegenwärtig von 500 Personen bewohnten Haus Mila Straße 46 starben bisher 233 Personen; in dem von 578 Personen bewohnten Haus Mila Straße 51 starben 260. In dem von 794 Personen bewohnten Haus Pawia Straße 63 starben 430, davon 200 im Laufe der letzten drei Monate. Den Rekord in dieser traurigen Statistik hält das von 400 Personen bewohnte Haus in der Krochmalna Straße 21, in dem bis dato ebenso viele, d. h. 400 Menschen gestorben sind. Das völlige Aussterben ganzer Familien in den ›speziellen‹ Häusern ist ein häufiges Ereignis: in dem Haus Zamenhoffa Straße 56 sind 10 Familien buchstäblich ausgestorben, in der Mila Straße 51: 15 Familien, in der Mila Straße 46: 28 Familien. In vielen Wohnungen fehlt es völlig an Heizmaterial. In 17 ›speziellen‹ Häusern hatten von ca. 780 Zimmern 710 diesen Winter überhaupt kein Feuer im Ofen. Ganze Familien sind erfroren. Riesig ist ebenfalls die Zahl der Erkrankungen. Z. B. in dem Haus Pawia Straße 63 sind von 794 Bewohnern 750 krank, in der Ostrowska Straße 7 von 287 Bewohnern 252 krank, in der Ostrowska Straße 14 von 199 Bewohnern 199 krank, d. h. krank sind hier buchstäblich alle.

Im Haus Krochmalna Straße sind die Verhältnisse so: im Laufe der letzten drei Monate sind 126 Personen gestorben, 64 an Flecktyphus, der Rest – vor Hunger. 63 Leichen wurden auf die Straße geworfen, weil die Mittel für ein ordentliches Begräbnis fehlten. An Typhus sind 365 Personen erkrankt. Geschwülste und Hungerödeme zeigen sich bei nahezu 100 Personen. Im Laufe der letzten Monate gab es 45 exmittierte Familien, von denen der überwiegende Teil in Kellern ohne Fußboden, ohne Fenster etc. untergebracht worden ist. Im Augenblick gibt es 28 Familien (140 Personen), die absolut mittellos sind. Diese Menschen liegen auf dem nackten Fußboden, mit Lumpen bedeckt und ernähren sich von rohen Gemüseabfällen...

Die Deutschen arbeiten daran, die bestehenden, ohnehin schon furchtbaren Verhältnisse noch zu verschlechtern. Diesem Ziel dient auch die ständige Verringerung des Ghettoterritoriums, die jedoch mit einer weiteren Umsiedlung der Juden aus den Städten um Warschau (Okuniew, Zielonka, Rembertow, Milosna, Wawer) in das Ghetto Hand in Hand geht.«

1. Mai 1942. Ein Kamerateam der Nazis besuchte das Warschauer Ghetto, um aus Propagandagründen Aufnahmen zu machen.

3. Mai 1942. Aus dem Tagebuch Ingenieur Adam Czerniakows, des Vorsitzenden des Judenrats im Ghetto: »Sprechtag. Um 10 Uhr traten Kameraleute von der Propaganda ein. Sie machten Aufnahmen in meinem Büro. Man inszenierte das Kommen und Gehen von Interessenten, Rabbinern etc. Danach nahm man alle Bilder und Aufschrifttafeln von der Wand. Auf meinen Schreibtisch stellte man einen neunarmigen Leuchter,

dessen Kerzen alle angezündet waren... Die Transferstelle verlangte eine Aufstellung der in der Ghettoverwaltung Angestellten, u. a. der Beamten des Gemeinderates. Es scheint, es geht um die Aussiedlung unproduktiver Elemente aus Warschau.«

Am 12. Mai 1942 verlangten die im Ghetto arbeitenden Nazi-Filmleute, in der Mikwah an der Dzielna Straße zu filmen. »Dazu nötig 2 orthodoxe Männer mit Peies (Schläfenlocken) und 20 Frauen aus der besseren Gesellschaft. Darüber hinaus Vorführung einer Beschneidung«, notierte Adam Czerniakow.

Am 27. Mai 1942 trafen im Warschauer Ghetto 600 zwangsweise aus Radzymin bei Warschau umgesiedelte Juden ein.

Am 29./30. Mai 1942 tötete die deutsche Polizei nachts im Ghetto einige zehn Personen in ihren Wohnungen. Der Grund für diese Morde ist unbekannt. In derselben Nacht holte man aus dem Ghetto 914 Männer, darunter 150 Jugendliche zwischen 15 und 19 Jahren, und führte sie in unbekannter Richtung fort.

Am 10./11. Juni 1942 ermordete man nachts im Ghetto einige -zig Leute, die dafür bekannt waren, daß sie Schmuggel betrieben. »Offensichtlich«, vermerkte Dr. Emanuel Ringelblum in seinen Notizen über das Leben im Ghetto, »hat man sich vorgenommen, um jeden Preis den Schmuggel zu liquidieren, mit Hilfe von Massakern, massivem Terror. Diese Nacht liquidierte man -zig Schmuggler auf bekannte Weise. Man zerrte die Menschen aus den Wohnungen und erschoß sie auf der Straße. Ein Massaker ereignete sich auch gegen Morgen, eines gestern abend an der Ghettomauer... dasselbe passierte auch an anderen Stellen, vor allem im kleinen Ghetto an der Krochmalna- und der Ciepla Straße.«

Am 2. Juli 1942 wurden zwischen 4 und 6 Uhr morgens

110 Personen aus dem Arrest im Ghetto zur Hinrichtung abgeführt. Unter den Hingerichteten befanden sich 10 Frauen und 10 Mitglieder des Jüdischen Ordnungsdienstes, der Ghettopolizei. Dieses Ereignis wurde öffentlich bekanntgemacht, man hängte eine Bekanntmachung mit der Unterschrift Auerswalds aus. Das konspirative Organ des sozialistsichen »Bundes« im Ghetto, der »Szturm« vom 5. 7., kommentierte das Verbrechen wie folgt: »Oberhenker Auerswald hat allerseits bekannt gemacht, daß 110 Juden wegen Anstiftung zum Aufruhr ermordet worden sind, dafür daß wir uns den Deutschen widersetzen. Soll der Henker nur wissen, daß wir uns mit dem heutigen Tage dem Nazirecht nicht mehr beugen werden. Wir fürchten keine Strafe, denn wir haben nichts mehr zu verlieren, aber alles zu gewinnen. Auerswalds Plakat ist eine Ehrenurkunde für die kämpfenden jüdischen Massen des kämpfenden Ghettos.«

Mitte Juli 1942 »verdichtet sich die schwarze Wolke«, erinnert sich Marek Edelman. »Äußerlich sieht alles normal aus, es kursieren nur ›wenig wahrscheinliche‹ Gerüchte über die Ankunft eines Umsiedlungskommandos, darüber, daß aus dem Ghetto 20, 40 oder 60 tausend Einwohner ausgesiedelt werden sollen, darüber, daß man alle Arbeitslosen zur Arbeit an Befestigungsanlagen abtransportieren wird, daß in Warschau nur dort Arbeitende zurückbleiben werden. Diese Gerüchte rufen Beunruhigungen, ja sogar Panik hervor, obwohl sie nach wie vor ›unglaubwürdig‹ sind. Die Leute drängen sich förmlich zur Arbeit, in die Fabriken, die sozialen Einrichtungen, die Büros. Damen, die bisher in Cafés gesessen haben, verwandeln sich mit Macht in abgearbeitete Näherinnen, Flickerinnen, Beamtinnen. Einige Fabriken stellen nur noch solche ein, die eine eigene Nähmaschine haben. Der Preis für Nähmaschinen schnellt im Nu in die Höhe. Die Leute bezahlen immer bereitwilliger, immer eilfertiger, immer mehr, um einen Platz in einer Werkstatt zu bekommen. Man spricht von nichts anderem mehr, man denkt an nichts anderes. Alle müssen arbeiten! Die ›Wohlsituierten‹, die Glückspilze atmen mit Erleichterung auf, die ›Nichtsituierten‹, die Besorgten, die Verstörten, klammern sich krampfhaft an die geringste Arbeitsmöglichkeit.«

Am 20. Juli 1942 notierte Adam Czerniakow: »Morgens 7.30 Uhr bei der Gestapo. Ich fragte Mende, wieviel Wahrheit an diesen Gerüchten ist. Er entgegnete, daß er nichts davon gehört habe. Danach wandte ich mich an Brandt, er antwortete, daß ihm nichts darüber bekannt sei. Auf die Frage, ob derlei dennoch passieren könne, erwiderte er, daß er nichts wisse. Unsicher ging ich von ihm weg. Ich wandte mich an seinen Chef, Kommissar Boehm. Der erwiderte, daß das nicht seine Sache sei, daß Mehenmann eventuell etwas zu den Gerüchten mitteilen könnte. Ich bemerkte, daß den ausgestreuten Gerüchten zufolge heute um 19.30 Uhr die Aussiedlung beginnen solle. Darauf antwortete er, daß er sicher etwas wüßte, wenn das heute noch geschehen sollte. Da ich keinen Ausweg hatte, begab ich mich zum Stellvertreter des Leiters der Abteilung III, Scherer. Er gab seiner Verwunderung über die Gerüchte Ausdruck und erklärte, daß kein Grund zur Befürchtung bestünde. Er antwortete, daß ich sagen könnte, daß das alles, was die Leute erzählen, Quatsch und Unsinn ist. Ich beauftragte Lejkin (er war Kommandant des jüdischen Ordnungsdienstes im Warschauer Ghetto), daß er über die Bezirke die Bevölkerung davon in Kenntnis setzte.«

21. Juli 1942. »... die Dinge begannen sich mit großer Geschwindigkeit zu entwickeln«, notierten in ihrer Chronik »Die Vernichtung des jüdischen Ghettos in Warschau« Adolf und Barbara Berman, die sie nach dem ›Übertritt‹ auf die ›arische‹ Seite im Oktober 1942 ab-

gefaßt hatten. »Die Gestapo verhaftete eine Reihe von Gemeinderäten und schaffte sie in den Pawiak. Darüberhinaus ergriff man auf der Straße weitere Menschen und schaffte sie als Geiseln ebenfalls in den Pawiak. Es herrschte eine Stimmung ungewöhnlicher Bedrücktheit und Unruhe. Man meinte, die Verhaftungen bedeuteten die Auflösung des Judenrates und wären der Anfang der Liquidierung des Ghettos. Die Vermutung, daß es um die Auflösung des Judenrates ginge, erwies sich als unbegründet, denn die Verhaftung der Ratsmitglieder war eine Zwangsmaßnahme, die die Panikstimmung anheizen sollte. Gleichzeitig wollte man eine gewisse Zahl Geiseln im Besitz haben. Einige Ratsmitglieder hat man nach ein oder zwei Tagen wieder auf freien Fuß gesetzt; sie leiteten vernehmlich das Versorgungskontor (Gepner, Sztolcman, Kobryner u. a.). Den Vorsitzenden Czerniakow hat man nicht verhaftet, obwohl auch solche Gerüchte kursierten. Dr. Wielikowski, den Leiter der Sozialfürsorge, hat man gleich nach seiner Verhaftung wieder freigelassen.«

In der Wohnung seines Patienten Abe Gutnajer in der Chlodna Straße wurde Dr. Franciszek Raszeja, Professor an der Universität Poznan und Chefarzt der chirurgischen Abteilung des Warschauer Krankenhauses PCK (des Polnischen Roten Kreuzes), erschossen. »Er war zu dem Kranken gerufen worden und besaß eine gültige Genehmigung«, erinnert sich Prof. Ludwik Hirszfeld. »Anwesend waren sein ehemaliger Assistent Dr. Kazimierz Polak, eine Krankenschwester und Verwandte. Die Herren von der SS drangen in die Wohnung ein und ermordeten alle.«

Am 21. Juli 1942 schrieb Janusz Korczak (Henryk Goldszmit): »Morgen werde ich 63 oder 64 Jahre alt. Mein Vater hat einige Jahre lang kein Familienstammbuch geführt. Ich habe deswegen einige schwierige Situationen erlebt. Mama nannte es strafwürdige Nachlässigkeit: als Rechtsanwalt hätte er (der Vater) die Familienstammbuchangelegenheiten nicht schleifen lassen dürfen.

Ich heiße nach meinem Großvater, er hieß Hersz (Hirsz). Mein Vater hatte das Recht, mich Henryk zu nennen, er selbst erhielt den Namen Jozef. Die anderen Kinder benannte der Großvater mit christlichen Vornamen: Maria, Magdalena, Ludwik, Jakub, Karol.

Ich sollte meinem Vater viel Platz widmen, verwirklichte ich im Leben doch das, wonach er strebte, wonach der Großvater so viele Jahre, sich selbst verzehrend, strebte.

Und die Mutter. Später einmal. Ich bin sowohl Mutter als auch Vater. Das weiß ich, und dank dessen verstehe ich vieles. Der Urgroßvater war Glaser. Froh bin ich: Glas gibt Wärme und Licht. Es ist eine schwierige Sache, geboren zu werden und leben zu lernen. Es bleibt mir eine viel leichtere Aufgabe: zu sterben. Nach dem Tode kann es wieder schwer werden, aber daran denke ich nicht. Das letzte Jahr, oder Monat, oder Stunde.

Ich möchte bewußt sein und bei Bewußtsein. Ich weiß nicht, was ich den Kindern zum Abschied sagen würde. Ich würde so vieles sagen wollen, auch das, daß sie völlige Freiheit in der Wahl ihres Weges haben. 10 Uhr. Schüsse: zwei, einige, zwei, einer, einige. Vielleicht ist gerade mein Fenster schlecht verdunkelt. Doch ich unterbreche das Schreiben nicht. Im Gegenteil: beschwingter (ein einzelner Schuß) werden die Gedanken.«

Am 22. Juli 1942 betrat um 10 Uhr SS-Hauptsturmführer Hoefle mit Gefolge das Haus der jüdischen Gemeinde in der Grzybowska Straße 26. Man erklärte Czerniakow, daß – von einigen Ausnahmen abgesehen – die Juden ohne Unterschied des Geschlechts und Alters nach Osten ausgesiedelt werden sollen. Heute bis 4 Uhr nachmittags haben 6 000 Menschen bereitgestellt zu werden. Und so wird es – mindestens – täglich weitergehen.

Im Laufe des Tages ist folgende Anordnung auf Befehl Hoefles im Ghetto ausgehängt worden, die Czerniakow diesmal nicht unterschrieben hatte:

Judenrat in Warschau
Warschau, den 22. Juli 1942

BEKANNTMACHUNG

1. Auf Befehl der deutschen Behörden werden alle jüdischen Personen, gleichgültig welchen Alters und Geschlechts, welche in Warschau wohnen, nach dem Osten umgesiedelt.
2. Ausgenommen von der Umsiedlung sind:
   a) alle jüdischen Personen, die bei den deutschen Behörden oder Betriebsstellen beschäftigt sind und den Nachweis hierüber bringen können;
   b) alle jüdischen Personen, die dem Judenrat angehören und Angestellte des Judenrates sind (Stichtag ist der Tag der Veröffentlichung der Anordnung);
   c) alle jüdischen Personen, die bei reichsdeutschen Firmen beschäftigt sind und den Nachweis hierüber erbringen können;
   d) alle arbeitsfähigen Juden, die bisher nicht in den Arbeitsprozeß eingereiht sind, diese sind im jüdischen Wohnbezirk zu internieren;
   e) alle jüdischen Personen, die zum Personal der jüdischen Krankenhäuser gehören. Ebenso die Angehörigen des jüdischen Desinfektionstrupps;
   f) alle jüdischen Personen, die dem Jüdischen Ordnungsdienst angehören;
   g) alle jüdischen Personen, die engste Familienange-

hörige der unter a)–f) aufgeführten Personen sind. Familienangehörige sind ausschließlich Ehefrauen und Kinder;

h) alle jüdischen Personen, die am ersten Tage der Umsiedlung in einem der jüdischen Krankenhäuser liegen und nicht entlassungsfähig sind. Die Entlassungsfähigkeit wird von einem von dem Judenrat zu bestimmenden Arzt festgestellt.

3. Jeder jüdische Umsiedler darf von seinem Eigentum 15 kg als Reisegepäck mitnehmen. Es können sämtliche Wertsachen: Gold, Schmuck, Geld usw. mitgenommen werden. Verpflegung ist für drei Tage mitzunehmen.

4. Beginn der Umsiedlung am 22.7.1942 um 11 Uhr.

5. Strafen:

a) jede jüdische Person, die mit Beginn der Umsiedlung das Ghetto verläßt, ohne unter Ziffer 2a und c aufgeführten Personenkreis anzugehören und soweit sie dazu bisher nicht berechtigt war, wird erschossen;

b) jede jüdische Person, die eine Handlung unternimmt, die geeignet ist, die Umsiedlungsmaßnahmen zu umgehen oder zu stören, wird erschossen;

c) jede jüdische Person, die Mithilfe bei einer Handlung ausübt, die geeignet ist, die Umsiedlungsmaßnahmen zu umgehen oder zu stören, wird erschossen;

d) alle Juden, die nach Abschluß der Umsiedlung in Warschau angetroffen werden, ohne dem unter 2a–2h) aufgeführten Personenkreis anzugehören, werden erschossen.

Der Judenrat in Warschau

Antoni Szymanowski, Offizier der Armia Krajowa (sog. polnischen Heimatarmee), Mitarbeiter des Büros für Information und Propaganda der Hauptkommandantur, vermerkte in seiner Chronik, die auf der Grundlage von Augenzeugenberichten solcher Polen, die sich mit Genehmigung im Ghetto aufgehalten hatten, verfaßt und im Oktober 1942 in Gestalt einer Broschüre mit dem Titel »Die Liquidierung des Warschauer Ghettos« in der konspirativen Geheimen Militärischen Verlagsanstalt herausgegeben worden ist:

»Mittwoch, 22. 7. 1942. Das also ist das Ende des Ghettos, das seit zwei Jahren verzweifelt gekämpft hat, um sich am Leben zu halten. Heute mittag ist die Bekanntmachung herausgegeben worden, alle, gleichgültig welchen Alters und Geschlechts, ›nach Osten‹ umzusiedeln. Man braucht sich nichts vorzumachen, diese Plakate sind das Todesurteil. Die Deutschen werden in keinem ›Osten‹ Tausende von Menschen ansiedeln, ernähren, kleiden, die sie in Warschau konsequent vernichtet haben. Es erwartet sie der Tod – ein plötzlicher oder ein allmählicher. Vielleicht gibt es eine Überlebenschance für die, die von der Umsiedlung ausgenommen sind, weil sie den Deutschen nützlich sind: für die, die für sie in Industrie und Handwerk arbeiten, die Polizisten, die Stadtangestellten etc. Die haben sogar das Recht, Frauen und Kinder vor dem Abtransport zu bewahren. Aber der Rest? Bedarf es noch eines deutlicheren Hinweises als diesen erstaunlich zynischen Satz: Jeder Umsiedler hat das Recht, 15 kg von seinem Eigentum als Reisegepäck mitzunehmen. Alle Wertsachen wie Geld, Schmuck, Gold, können mitgenommen werden. Gold, das zu besitzen doch seit vielen Monaten Juden verboten ist! Stellt euch in die Reihe, damit wir euch töten, aber den Schmuck habt bei euch, um uns Mühe zu ersparen!

(...) Seit Mittag sind Treibjagden auf Menschen im Gange. Sie werden von der jüdischen Polizei ausgeführt.

Die Deutschen mischen sich nicht weiter ein. Es gibt ihrer zwei Arten: schwarze und rote nach den Uniformen. An allen Ausgängen aus der Stadt hat man Maschinengewehre postiert und Feuerstöße sind fast unaufhörlich zu vernehmen, doch es scheint, eher zur Abschrekkung. Aber die wilde, ja wüste Schießerei hielt schon die ganze Nacht an. Sie feuern aus Karabinern in die Fenster, aus Revolvern auf Passanten. Eine Ärztin aus dem Krankenhaus in der Sienna Straße erzählte mir heute, daß es in ihrem Gebäude kein Zimmer mehr gibt, in das man nicht von der Straße aus hereingeschossen hätte...

Größere Gruppen führt man auf den Platz an der Stawki Straße, zu dem ein Anschlußgleis hinführt. Unser Melder ist dort hingelaufen und hat in etwa gesehen, wie man diese hastig in offene Eisenbahnwaggons verlud; wenn ein Wagen voll war, wurde er mit Stacheldraht zugedrahtet, schlimmer als Vieh! Es regnet und der Anblick dieser Qualen ist – sagt er – nicht zu ertragen...

Diese ganze Stimmung von Panik und Entsetzen, die durch ständigen Widerhall wilder Schüsse noch verstärkt wird, ist etwas so Schreckliches, daß ich, nachdem ich abends das Ghetto verlassen hatte, erleichtert aufatmete. Doch war es mir zugleich schwer, als ich das mehr oder weniger normale Leben auf den Straßen Warschaus betrachtete, noch zu glauben, daß gleich daneben diese ›Aussiedlung‹ hunderter Menschen ins Jenseits vor sich geht.«

23. Juli 1942. »Man hat die Bewohner der restlichen Flüchtlingsquartiere abtransportiert und die Evakuierung der Ärmsten der Stadtviertel aus den sog. Todeshäusern, in denen die Sterblichkeit am höchsten war, in Angriff genommen. Dort lebte die größte Zahl Schützlinge (viele Häuser der Ostrowska-, der Pawia-, der Krochmalna Straße etc.). Am selben Tage hat man

ebenfalls die Kinder aus dem Waisenhaus Dzika Straße 3 abtransportiert, und zwar entgegen der Versicherung (Jüdischer Ordnungsdienst), daß man im Moment die Waisenhäuser in Ruhe lasse. Man hat das damit erklärt, daß man das Waisenhaus als Teil der Flüchtlingsquartiere betrachte. Sodann hat man ebenso die Bewohner des sog. Kinderheimes in Gesia Straße 6 abtransportiert.

Auf Grund einer Intervention der Zentrale für den Schutz der Kinder (CENTOS) bei der Kommandantur des ZSP (Jüdischer Ordnungsdienst) hat man dann die Waisenhäuser unbehelligt gelassen. So war es bis zu dem Zeitpunkt, als die Deutschen selber die Aktion in die Hand nahmen«, berichtet Adolf Berman. »Im Zusammenhang mit der Aussiedlung der Kinder aus den beiden gen. Häusern begab ich mich zur Frau des Vorsitzenden Czerniakow; ich wollte sie als Mitglied der CENTOS-Verwaltung bitten, entsprechend auf ihren Mann einzuwirken. Ich traf sie in einem Zustand außergewöhnlicher Depression an; sie sprach, während ihr die Tränen nur so flossen. Ich habe von ihr lediglich herausbekommen, daß die Angelegenheit mit den Kindern nicht gut aussieht. Ihr Mann habe erklärt, daß er, wenn er den Auftrag der Aussiedlung der Kinder unterschreiben soll, mit sich Schluß machen würde.«

Der letzte Satz im Tagebuch Adam Czerniakows vom 23. Juli 1942: »Auf die Frage, wieviel Tage in der Woche die Aktion betrieben wird, antwortete man: 7 Tage in der Woche. In der Stadt drängt alles, Werkstätten zu eröffnen. Eine Nähmaschine kann Leben retten. 3 Uhr. Bis jetzt sind 4000 zum Transport. Bis 4 Uhr haben es laut Befehl 9000 zu sein. Auf der Post tauchten irgendwelche Funktionäre auf und gaben Anweisung, eingehende Briefe und Päckchen an den Pawiak zu adressieren.«

Keine volle Stunde nach der Niederschrift dieser Worte nahm sich Adam Czerniakow das Leben.

Am selben Tage ging der erste Transport mit Bewohnern des Warschauer Ghettos ab in das Vernichtungslager Treblinka II.

Am 24. Juli 1942 wurde klar, daß die Aussiedlungsaktion der Reihe nach auf alle Stadtbezirke ausgedehnt wurde. Zu ihrer Durchführung nahm man Razzien vor, sog. Blockaden. »Morgens erlebten wir die Blockade des Hauses Ogrodowa Straße 29«, schrieben Adolf und Barbara Berman: »Gegen 6 Uhr morgens weckte uns ein unbeschreiblicher Krach: auf dem Hof erschien eine große Abteilung des ZSP (des Jüdischen Ordnungsdienstes) und umstellten das Hoftor. Nach einer Weile ertönte lautstarker Befehl: ›Alle Hausbewohner auf den Hof! Aussiedler nehmen 15 kg Gepäck mit. Von der Aussiedlung Ausgenommene haben ihre Dokumente vorzuzeigen!‹ Es kam zu einem großen Durcheinander. Halbangezogene Leute versammelten sich auf dem Hof, zeigten ihre Ausweise und Bescheinigungen. Die Polizisten verteilten sich über Treppenhäuser, Böden und Keller und begannen die, die sich versteckt hatten, herauszuziehen aus ihren Verstecken. Kurz darauf fuhren Rollwagen auf den Hof. Man begann die aus ihren Verstecken Geholten auf die Wagen zu werfen. Die anderen dagegen, die von allein auf den Hof heruntergekommen waren, stellte man in Reih und Glied auf und überprüfte die Papiere. Man verhielt sich recht großzügig und ließ alle Leute, die nur irgendeine Bescheinigung eines ›shops‹ (Werkstatt) oder einer sozialen Einrichtung besaßen, laufen. Dagegen ließ man keine mündlichen Erklärungen oder Versicherungen, auch keinen äußerlichen Eindruck gelten. Auf den Wagen befanden sich auch arbeitsfähige junge Leute, sauber und ordentlich angezogen. Viele wohnten nicht in dem

Haus, sondern sie waren deshalb dort, weil hier ein
›shop‹ aufgemacht werden sollte. Sie hatten Maschinen
in das Haus gebracht und damit gerechnet, daß sie
irgendeine einstweilige Bescheinigung bekämen, die sie
für eine Zeit vor der Aussiedlung bewahren würde. Vier
Rollwagen voll Menschen, ca. 120 Personen, hat man
mitgenommen. Die verbliebenen Bewohner – es wohnten hier einige hundert Menschen – machten sich mit
dem Gefühl, daß ihnen im Moment nichts drohe,
sogleich daran, Hilfe für die Ausgesiedelten zu organisieren. Die Vertreter des Bürgerkommitees gaben den
Menschen auf den Rollwagen Geld, je 20 und 50 zl. Man
rief die im Haus Verbliebenen auf, ihr Brot herzugeben,
denn die Leute auf den Wagen riefen, sie seien hungrig,
und an dem Sammelpunkt konnte man wahrscheinlich
für kein Geld Brot bekommen. Besonders erschütternde
Szenen spielten sich ab, als man Familien auseinanderriß.
Die Anordnung beinhaltete zwar, daß ein Angestellter
seine engsten Angehörigen, d. h. Frau und Kinder vor
der Aussiedlung bewahren konnte, nach einigen Tagen
zeigte sich jedoch, daß auch das ein Trug war, in
Wirklichkeit wurden weder Eltern noch Geschwister
geschont – mit Ausnahme von Familien von Polizisten.
Folglich gab es viele Fälle, daß Menschen, die von der
Aussiedlung ausgenommen und sich über ihr Schicksal
beruhigt hatten, von neuem in große Verzweiflung
gerieten, als man ihre Väter, Mütter, Brüder und Schwe-
stern auf die Rollwagen zerrte.«
Aus den Tagebuchaufzeichnungen des Pädagogen und
Historikers Abraham Lewin:
»Es regnet den ganzen Tag. Alles weint. Die Juden
weinen. Sie glauben an ein Wunder. Die Aussiedlung
dauert an. Die Mietshausblockaden... Twarda
Straße 23. Ergreifende Bilder... 6 Uhr morgens. Auf
den Straßen Betrieb, wie zur Zeit des Bombardements

von Warschau. Die Juden rennen wie besessen durch die Straßen, zerren Kinder hinterher und schleppen Packen Bettwäsche. Die Deutschen haben das Mietshaus an der Karmelicka-Nowolipie Straße umstellt. Mütter und Kinder irren wie verlorene Schafe auf den Straßen herum. Wo ist mein Kind? Gejammer!

Wieder ein trüber Tag. Es regnet. Szenen, die sich im Haus Nowolipie 25 abgespielt haben. Eine große Straßenrazzia. Man schleppt alte Männer und Frauen, Kinder, Jungen und Mädchen weg. Es ergreifen sie Polizisten und Beamte des Gemeinderates. Letztere haben weiße Armbinden auf den Unterarmen. Sie helfen den Polizisten... Wie versuchen die Juden sich zu retten? Fiktive Heiraten mit Polizisten. Gutta heiratete den Bruder ihres Mannes.

Die Polizisten benehmen sich während der Razzien wie wilde Bestien. Ihre Grausamkeiten: Sie zerren Mädchen von Fahrrädern herunter, räumen Wohnungen aus, lassen die Habseligkeiten ein Raub der Flammen werden. Pogrome und Morde ohne Beispiel... Großer Hunger im Warschauer Ghetto. Irgendjemand hat seine Schwester mit ihrem vierjährigen Kind gerettet, indem er sie als seine Frau ausgab. Das Kind hatte das Geheimnis nicht verraten, es rief: Papa! Ich bemühe mich, meinen Vater mit Hilfe einer Bescheinigung der Jüdischen Sozialen Selbsthilfe zu retten.«

Am 24. Juli 1942 wird – auf Befehl der deutschen Polizei – eine Bekanntmachung herausgegeben, die die öffentliche Meinung beruhigen soll und vom Judenrat unterschrieben worden ist:

Judenrat in Warschau

BEKANNTMACHUNG

1. Infolge nicht zutreffender, im jüdischen Wohnbezirk von Warschau kursierender Nachrichten im Zusammenhang mit der Aussiedlungsaktion ist der Judenrat in Warschau von der Behörde ermächtigt worden, bekannt zu geben, daß die Aussiedlung der Bevölkerung, die im jüdischen Wohnbezirk in Warschau nicht produktiv ist, tatsächlich in östliche Gebiete erfolgt.

2. Die Aussiedlung sollte im Interesse der Bevölkerung selbst im angegebenen Zeitraum durchgeführt werden. Der Judenrat in Warschau ruft die der Aussiedlung unterliegenden Personen auf, sich nicht zu verstecken oder die Aussiedlung zu umgehen, was die Durchführung der Aufgabe erschweren würde.

3. Im wohlverstandenen Interesse der meisten jüdischen Einwohner in Warschau ist es angebracht, daß die der Aussiedlung unterliegenden Personen, die die der Reihe nach gekennzeichneten Häuser bewohnen, sich freiwillig am Sammelpunkt in der Stawki Straße 6/8 melden.

Nach erhaltener Zusage werden Familien, die sich freiwillig stellen, nicht getrennt.

Warschau, den 24. Juli 1942

Der Judenrat in Warschau.

Am 27. Juli 1942 schrieb Antoni Szymanowski: »Heute habe ich von dem Tod des bekannten Malers K(ramsztyk) erfahren. Als er aus der Wohnung geholt wurde, ist er nicht schnell genug die Treppe heruntergegangen, da hat ihn der Deutsche einfach in den Hinterkopf geschossen. Denn im Ghetto geht alles nach dem Grundsatz, daß man sich schnell zu bewegen hat – auch dem eigenen Tod entgegen. Der Befehl ›schnell‹ heißt ›rennen‹.«

In den letzten Julitagen findet im Saal der ZTOS (der Jüdischen Gesellschaft für Sozialfürsorge) in der Nowolipki Straße 25 eine Konferenz gesellschaftlicher und politischer Funktionäre statt, die der Erörterung der Situation im Ghetto gewidmet ist und an der hervorragende Vertreter verschiedener Schichten und Organisationen teilnehmen – angefangen von der orthodoxreligiösen partei »Aguda« bis zur Kommunistischen PPR/Polnischen Arbeiterpartei. Hersz Berlinski, Beteiligter an der Untergrundbewegung im Warschauer Ghetto, später Mitbegründer der Jüdischen Kampforganisation, notierte im April 1944 in seinem Bericht über diese Konferenz:

»Die Teilnehmer der Konferenz standen unter dem Eindruck der Äußerungen Zysie Frydmans und Schipers. Frydman sagte: ›Ich glaube an Gott, ich glaube, daß ein Wunder passieren wird. Gott wird nicht zulassen, daß das jüdische Volk vernichtet wird. Gegen die Deutschen zu kämpfen, ist absolut sinnlos. Im Laufe einiger Tage können uns die Deutschen vollständig liquidieren. Und wenn wir nicht zu kämpfen beginnen werden, wird das Ghetto länger bestehen, und vielleicht wird dann auch das Wunder eintreten. Diejenigen unter meinen Freunden, die sich an die Alliierten halten, sollten nicht in Verzweiflung fallen, glauben sie doch an den Sieg. Oder zweifeln sie schon daran, daß die Alliierten ihnen die Freiheit bringen werden? Und diejenigen von meinen Freunden, die sich an die Revolution und die Sowjetunion halten, sind sie doch überzeugt, daß nur die Rote Armee ihnen Freiheit bringen wird. Folglich sollten sie auch weiterhin an ihre Rote Armee glauben. Teure Freunde, wenn wir standhaft bleiben und den Glauben behalten, werden wir die Befreiung erleben!‹ Schiper hat sich gegen Selbstverteidigung ausgesprochen. ›Selbstverteidigung bedeutet Vernichtung des gesamten Warschauer Ghettos! Ich glaube, daß es gelingen wird, einen gewissen Prozentsatz der Einwohner des Ghettos zu retten. Es ist Krieg und jedes Volk muß Opfer bringen. Also müssen auch wir Opfer bringen, um einen gewissen Prozentsatz des Volkes retten zu können. Wenn ich überzeugt wäre, daß es nicht gelingen wird, einen gewissen Prozentsatz des Volkes zu bewahren, wäre mein Gedankengang ein anderer!‹

Die Teilnehmer der Konferenz gingen auseinander mit dem Vorsatz, sich erneut zu treffen. Der Gang der Ereignisse machte es jedoch unmöglich, eine derartige Beratung ein zweites Mal abzuhalten.«

Am 28. und 29. Juli ». . . begannen gleichzeitig mit den vom ZSP (Jüdischen Ordnungsdienst) durchgeführten Blockaden systematische Blockaden der Deutschen unter Mithilfe ukrainischer Einheiten und litauischer Schaulisse (»Schützen«, d. h. Angehörige der litauischen faschistischen Einheiten, die auf Seiten der Nazis standen)«, berichtet Adolf Berman. »Sie waren ungewöhnlich brutal und betrafen im allgemeinen nicht einzelne Häuser, sondern umfaßten ganze Häuserblocks und Straßen zugleich. Die Blockaden begannen mit intensivem Gewehrfeuer, währenddessen man die Leute, die aus Fenster und von Balkons herunterschauten, sowie die, die sich versteckt hatten tötete. Danach dröhnte der Ruf: ›Alle herunter!‹ Die Ukrainer verteilten sich über die Treppenhäuser und Wohnungen und trieben unter Gewehrkolbenschlägen die Hausbewohner auf den Hof, wo sie ihnen in Reih und Glied anzutreten befahlen. Die Deutschen überprüften die Papiere, wobei man in den ersten Tagen einige Bescheinigungen, wie z. B. von Ärzten, Zahnärzten, Gemeinderatsangestellten und deren Familien gelten ließ. Man überprüfte recht oberflächlich; das Ergebnis der Überprüfung war ohnehin von der Laune der Deutschen abhängig; einen verhält-

nismäßig kleinen Prozentsatz ließ man laufen. Die großen Scharen der Verbliebenen trieb man, in fünfreihiger
Marschkolonne, umgeben von einem Kordon Ukrainer,
auf den ›Umschlagplatz‹. Unterwegs schoß man auf die,
die zu fliehen versuchten, die sich mit jemandem unter-
hielten oder nicht in Reih und Glied marschierten.
Ebenso schoß man auf der Straße auf Vorübergehende.
Solange die ›Partie‹ im Gange war, versteckten sich
daher alle in Toreinfahrten, die Straße war leergefegt, die
Deutschen führten die Blockaden der Häuser durch, die
meistens zuvor schon einer Blockade des ZSP unterzo-
gen waren, und nahmen dabei diejenigen fest, die man
bei der vorherigen hatte laufen lassen und die sich daher
völlig sicher fühlten, auf den Ruf der Deutschen hin
kamen sie sofort auf den Hof herunter. Während der
deutschen Blockaden verschonte man im allgemeinen
auch die Waisenhäuser nicht. Als eines der ersten fiel
ihnen das Waisenhaus in der Ogrodowa Straße 29 zum
Opfer.«
Am 28. Juli 1942 gründete man im Warschauer Ghetto
die zionistisch-sozialistische »Kampforganisation«, zu
deren Führungsstab Szmul Breslaw, Jitzcjak Cukierman, Cywia Lubetkin, Jozef Kapłan, Mordechai Tenenbaum gehörten. Mit dem Ziel, festeren Kontakt zum
polnischen Untergrund zu knüpfen und militärische
Unterstützung zu erhalten, schickte man damals einige
Verbindungsleute aus dem Ghetto nach jenseits der
Mauern – Frauen und Männer, darunter Arie Wilner
(»Jurek«). Parallel zur neu geschaffenen Kampforganisation wirkten im Ghetto ihr nicht unterstellte Gruppen
des »Bundes«, Zellen der PPR (Polnischen-kommuni-
stischen-Arbeiterpartei) sowie die Jüdische Militärvereinigung (ZZW), das ist der frühere Jüdische Kampf-
bund, die von einer Gruppe von Offizieren und Unter-
offizieren der Reserve der Polnischen Armee sowie

Mitgliedern der rechts-zionistischen Organisation Betar ins Leben gerufen worden war.

Am 29. Juli hängte man im Ghetto folgenden Aufruf aus, der vom »Leiter des Ordnungsdienstes«, das war damals Josef Szerynski, unterzeichnet worden war:

»Der der Aussiedlung unterliegenden Bevölkerung gebe ich gemäß Anordnung der Behörden zur Kenntnis, daß jede Person, die sich in den Tagen 29., 30. und 31. Juli ds. Js. freiwillig zur Aussiedlung stellt, mit Lebensmitteln, dh. mit 3 kg Brot und 1 kg Marmelade, versorgt wird. Sammelpunkt und Lebensmittelausgabestelle ist der Stawki Platz Ecke Dzika Straße.«

Dieser Aufruf wurde am 1. August wiederholt und neben der Versorgung mit Lebensmitteln versprach man, Familien, die sich freiwillig melden, nicht zu trennen. »Das genügt«, schreibt Marek Edelman. »Alles weitere tun Propaganda und Hunger. Erstere liefert ein unwiderlegbares Argument gegen alle ›Märchen‹ von Gaskammern, ›wozu sollte man Brot teilen, wenn man morden wollte!‹, der Hunger ein noch stärkeres, er verhüllt alles mit dem Gedanken an drei braune, frischgebackene Brotlaibe. Ihr Geschmack ist fast schon spürbar, trennt dich doch von ihnen nur der kurze Weg vom Haus zum Umschlagplatz, von dem die Waggons abgehen, er bewirkt, daß die Augen aufhören zu sehen, was dich am Ende des Weges erwartet; ihr Geruch, der bekannte, gute, betäubt, verwirrt die Gedanken, die aufhören, das zu fassen, was scheinbar doch so offensichtlich ist. Es gibt Tage, an denen Hunderte Menschen den Umschlag nicht verlassen und für je einige Tage in der Schlange auf ihren Abtransport warten. Soviele Interessenten gibt es, die 3 kg Brot erhalten möchten, daß die Transporte, sie gehen schon zweimal täglich mit je 12 000 Menschen ab, sie gar nicht aufnehmen könnten.«

Diese Ereignisse fanden recht breites Echo in der polnischen öffentlichen Meinung. Die ersten Informationen brachte die konspirative Tagespresse, ausführlichere die geheimen Wochenblätter. So schrieb man im Zentralorgan der »Heimatarmee« (AK), dem »Biuletyn Informacyjny« (Nr. 30 vom 30. Juli 1942):

»... das Hauptereignis, das seit einer Woche die Stadt erschüttert, ist die von den Deutschen begonnene Liquidierung des Warschauer Ghettos, die mit der ganzen preußischen Bestialität betrieben wird... Von unaufhörlichem Terror und Ermordung vieler Menschen begleitet, hält der Abtransport seitdem tagtäglich an... Die Stimmung im Ghetto ist voller Furcht. Die Straßen sind leer. An den Fenstern zeigen sich keine Gesichter. Weil man eine Reihe Ghettotore zugemauert – es gibt nur noch zwei – und die Kontrolle enorm verstärkt hat, ist der Lebensmittelschmuggel völlig zum Erliegen gekommen. Da zudem die Kartenzuteilungen für die jüdische Bevölkerung nur Brot umfassen, und zwar 70 Gramm täglich, sind die Preise für Lebensmittel sofort in astronomische Höhen gestiegen. Man bezahlt z. B. für 1 kg Brot 80 bis 100 Zloty.

Das Ghetto ist außen von einer dichten Polizeikette und einer litauischen Einheit umstellt. In den letzten Tagen hat man diese durch SS-Wachen verstärkt... Täglich werden über 6000 Juden deportiert. Man transportiert sie mit Eisenbahnwaggons vom Anschlußgleis in der Stawki Straße ab. Fahrtrichtung – nach Osten. Das Reiseziel der Deportierten ist nicht bekannt, Gerüchte weisen auf die Gebiete um Malkinia und Brest am Bug. Ebenfalls unbekannt ist das Schicksal der Deportierten. Über dieses Thema kursieren die pessimistischsten Vermutungen. Was die Organisation der Deportationen anbetrifft, so hat sie der teuflische deutsche Erfindungsgeist dem jüdischen Gemeinderat sowie der jüdischen Ordnungspolizei übertragen.«

In den darauffolgenden Nummern des »Biuletyn Informacyjny« wurden weitere genaue Informationen darüber gegeben, was im Ghetto vor sich ging. Ähnliche Informationen, oftmals auf Berichte von Augenzeugen der nazistischen Greueltaten gestützt, finden wir in der Untergrundpresse geheimer militärischer, politischer und gesellschaftlicher Organisationen, demokratischer, nationaler, sozialistischer sowie kommunistischer.

In den ersten Augusttagen 1942 gab die konspirative katholische sozialerzieherische Organisation »Front für die Wiedergeburt Polens« in 5000 Exemplaren ein Flugblatt mit dem Titel »Protest« heraus. Sein Verfasser, die bedeutende katholische Schriftstellerin Zofia Kossak-Szatkowska, appellierte an Herzen und Gewissen aller Polen, die an Gott glauben, ebenso an alle die, die bisher den Juden gegenüber nicht wohlgesonnen waren, eine moralische eindeutige Position gegenüber dem Verbrechen zu beziehen:

»... Die Welt schaut auf dieses Verbrechen, das schrecklicher ist als alles, was die Geschichte bisher erlebt hat, und – schweigt. Millionen wehrloser Menschen werden inmitten allgemeinen, unheimlichen Schweigens hingeschlachtet. Es schweigen die Henker, sie brüsten sich nicht mit dem, was sie tun. England und Amerika erheben nicht ihre Stimme, es schweigt sogar das einflußreiche internationale Judentum, das doch früher so empfindlich auf jedes Vergehen gegen die eigenen Leute reagierte. Es schweigen auch die Polen. Die Polen, die politischen Freunde der Juden, beschränken sich auf einige Zeitungsmeldungen, die polnischen Gegner der Juden bekunden Mangel an Interesse für die ihnen fremde Angelegenheit. Die sterbenden Juden sind von lauter sich die Hände in Unschuld waschenden Pilatussen umgeben... Wir wollen keine Pilatusse sein! Wir können aktiv nichts gegen die deutschen Metzeleien unternehmen, wir können nicht helfen, niemanden retten – aber wir protestieren aus der Tiefe des Herzens derer, die von Mitleid, Entrüstung und Grauen ergriffen sind. Diesen Protest verlangt Gott von uns, Gott, der nicht erlaubt hat zu töten. Ihn verlangt das christliche Gewissen. Jedes Wesen, daß sich Mensch nennt, hat ein Recht auf Nächstenliebe. Das Blut Wehrloser schreit zum Himmel nach Rache. Wer nicht mit uns diesen Protest unterstützt – der ist kein Katholik!«

Am 4. August 1942 schrieb Janusz Korczak in sein Tagebuch:

»Ich habe die Blumen gegossen, die armen Pflanzen des Waisenhauses, die Pflanzen des jüdischen Waisenhauses. Die verbrannte Erde atmete auf.

Der Wachposten hat meiner Arbeit zugesehen. Ob ihn meine friedliche Arbeit um 6 Uhr morgens reizt, oder ihn rührt?

Er steht und guckt. Die Beine breit auseinandergestellt.

... Die Blätter, an denen ich mitgearbeitet hatte, sind geschlossen, eingestellt worden, pleite gegangen. Der Herausgeber hat sich das Leben genommen, er war ruiniert. Und das alles nicht, weil ich Jude bin, sondern weil ich im Osten geboren wurde.

Es könnte ein schwacher Trost sein, daß es auch dem stolzen Westen nicht besser geht. Es könnte sein, aber es ist es nicht. Niemandem wünsche ich Schlechtes. Ich kann das nicht. Ich weiß nicht, wie man das macht.

... Ich gieße Blumen. Meine Glatze im Fenster – so eine schöne Zielscheibe.

Er hat einen Karabiner. Warum steht er und schaut ruhig zu?

Er hat keinen Befehl.

DER CHEF
des Distrikts Warschau.

Warschau, den 24. 11. 1939.
Palais Brühl.

ANORDNUNG

Betrifft:

Kennzeichnung der Juden

IM DISTRIKT WARSCHAU.

Ich ordne an, dass alle Juden im Alter von über 12 Jahren im Distrikt Warschau mit Wirkung vom 1. 12. 1939 ausserhalb ihrer eigenen Wohnung ein sichtbares Kennzeichen zu tragen haben. Dieser Anordnung unterliegen auch nur vorübergehend im Distriktsbereich anwesende Juden für die Dauer ihres Aufenthaltes.

Als Jude im Sinne dieser Anordnung gilt:

1. wer der mosaischen Glaubensgemeinschaft angehört, oder angehört hat,
2. jeder, dessen Vater oder Mutter der mosaischen Glaubensgemeinschaft angehört, oder angehört hat.

Als Kennzeichen ist am rechten Oberarm der Kleidung und der Ueberkleidung eine Armbinde zu tragen, die auf weissem Grunde an der Aussenseite einen blauen Zionstern zeigt. Der weisse Grund muss so gross sein, dass dessen gegenüberliegende Spitzen mindestens 8 cm. entfernt sind. Der Balken muss 1 cm. breit sein.

Juden, die dieser Verpflichtung nicht nachkommen, haben strenge Bestrafung zu gewärtigen.

Für die Ausführung dieser Anordnung, insbesondere die Versorgung der Juden mit Kennzeichen, sind die Aeltestenräte verantwortlich.

Die Durchführung obliegt im Bereich der Stadt Warschau dem Stadtpräsidenten, in den Landkreisen den Kreishauptleuten.

Der Chef des Distrikts Warschau

Dr. FISCHER

Gouverneur.

Die erste gegen Juden gerichtete Anordnung der deutschen Okkupanten in Warschau vom 24. November 1939.

»Mißhandlungen, wilde, bestialische ›Vergnügungen‹ sind an der Tagesordnung.«

Die Mauer des Ghettos verlief teilweise mitten durch die Straßen der Millionenstadt Warschau. Das Ghetto wurde im November 1940 geschlossen.

Im Warschauer Ghetto waren bis zu 450000 Menschen auf engstem Raum, etwa 4 km², wahrhaft zusammengepfercht.

Hungernde und sterbende Kinder auf den Straßen des Ghettos.

Bekanntmachung

Betr.: Todesstrafe für unbefugtes Verlassen der jüdischen Wohnbezirke.

•

In der letzten Zeit ist durch Juden, die die ihnen zugewiesenen Wohnbezirke verlassen haben, in zahlreichen Fällen nachweislich das Fleckfieber verbreitet worden. Um die hierdurch der Bevölkerung drohende Gefahr abzuwenden, hat der Herr Generalgouverneur verordnet, dass in Zukunft ein Jude, der den ihm zugewiesenen Wohnbezirk unbefugt verlässt, mit dem Tode bestraft wird.

Die gleiche Strafe trifft diejenigen, die diesen Juden wissentlich Unterschlupf gewähren oder in anderer Weise (z. B. durch Gewährung von Nachtlagern, Verpflegung, Mitnahme auf Fahrzeugen aller Art usw.) den Juden behilflich sind.

Die Aburteilung erfolgt durch das Sondergericht Warschau.

Ich weise die gesamte Bevölkerung des Distrikts Warschau auf diese neue gesetzliche Regelung ausdrücklich hin, da nunmehr mit unerbittlicher Strenge vorgegangen wird.

Warschau, am 10. November 1941.

gez. Dr. FISCHER
Gouverneur

Eine Bekanntmachung des Terrors der deutschen Besatzungsmacht – eine von vielen.

BEKANNTMACHUNG

Wegen unbefugten Verlassens des jüdischen
Wohnbezirks in Warschau sind die Juden

Rywka Kligerman
Sala Pasztejn
Josek Pajkus
Luba Gac
Motek Fiszbaum
Fajga Margules
Dwojra Rozenberg
Chana Zajdenwach

durch Urteil des Sondergerichts Warschau vom 12. November 1941
zum Tode verurteilt worden.

Das Urteil ist am 17. November 1941 vollstreckt worden.

gez. Auerswald

KOMISARZ
dla dzielnicy żydowskiej
w Warszawie

Bek. Nr. 441

Warszawa, dnia 17 listopada 1941 r.

OBWIESZCZENIE

Za nieuprawnione opuszczenie dzielnicy żydowskiej w Warszawie zostali żydzi

Rywka Kligerman
Sala Pasztejn
Josek Pajkus
Luba Gac
Motek Fiszbaum
Fajga Margules
Dwojra Rozenberg
Chana Zajdenwach

em Sądu Specjalnego w Warszawie z dnia 12 listopada 1941 r. skazani na śmierć.
Wyrok został wykonany dnia 17 listopada 1941 r.

( ) Auerswald

Auch Justizmord wird – zur Abschreckung – bekanntgemacht.

Vielleicht war er im Zivilleben Lehrer auf einem Dorf, vielleicht Notar, Straßenfeger in Leipzig, Kellner in Köln?

Was würde er machen, wenn ich ihm mit dem Kopf zunicken würde?

Freundlich mit der Hand zuwinkte?

Vielleicht weiß er nicht einmal, daß es so ist, wie es ist?

Es kann sein, daß er erst gestern von weither gekommen ist ...«

Am 5. August 1942 – wie Adolf Berman berichtet – »trieb man während einer grausamen Blockade einer Reihe von Straßen im ›Kleinen Ghetto‹ die Kinder aus ihrem provisorischen Quartier, das Waisenhaus mußte dreimal umziehen, und zusammen mit vielen tausend Menschen jagte man sie auf den Umschlagplatz.« Korczak hatte viele Male – bis zum Schluß – die Gelegenheit, sich zu retten und heimlich das Ghetto zu verlassen. Er nahm sie nicht wahr, er verließ die Kinder nicht. Es verließ sie auch seine langjährige engste Mitarbeiterin Stefania Wilczynska nicht. Ein Augenzeuge der letzten Augenblicke des Korczak-Waisenhauses vor Abtransport in die Gaskammern von Treblinka, Nachum Remba, ehemaliger Sekretär der jüdischen Gemeinde in Warszawa, vermerkte in seinem Bericht, der aufbewahrt und erhalten geblieben ist im Geheimen Archiv des Warschauer Ghettos, das Dr. Emanuel Ringelblum angelegt hatte:

»Dicht bei dicht lief die Menschenmenge, mit Peitschenschlägen angetrieben. Plötzlich befahl Herr Sz. (Szmerling – der jüdische Kommandant des Umschlagplatzes) die Heime wegzuführen. An der Spitze des Zuges war Korczak! Nein! Diesen Anblick werde ich nie vergessen. Das war kein Marsch in die Waggons, das war ein organisierter stummer Protest gegen das Banditentum! Im Gegensatz zur dichtgedrängten Menge, die wie Vieh zur Schlachtbank lief, begann nun ein Marsch, wie es ihn bisher noch nie gegeben hat. Alle Kinder waren in Viererreihen angetreten, an der Spitze Korczak, die Augen zum Himmel gerichtet, er faßte zwei Kinder an den Händchen, er führte den Zug. Die zweite Abteilung führte Stefania Wilczynska, die dritte Broniatowska, ihre Kinder hatten blaue Rucksäcke, die vierte Abteilung führte Szternfeld aus dem Internat in der Twarda Straße ... Selbst der Ordnungsdienst war stillgestanden und salutierte. Als die Deutschen Korczak sahen, fragten sie: ›Wer ist der Mensch?‹« Die Heldentat Janusz Korczak, der mit den Kindern, die er betreute und die er nicht verlassen wollte, nach Treblinka in den Tod ging, wurde schon nach einigen Tagen zur Legende.

6. August 1942. Das »Biuletyn Informacyjny« (Nr. 31) bemerkt im Bericht über den Fortgang der Liquidierung des Ghettos: Wenngleich man schon in der ersten Woche der »Aktion« ca. 50 Waggons täglich an der Rampe auf dem Umschlagplatz bereitgestellt hatte, so »sind es gegenwärtig, im Zusammenhang mit der Zunahme der Zahl der Deportierten, viel mehr. In die Waggons werden 100 bis 150 Menschen geladen, man stößt sie mit Gewehrkolben hinein. Vor der Verladung findet die Selektion der Opfer statt. Frauen werden von Männern getrennt, Kinder entreißt man den Müttern und steckt sie in gesonderte Waggons.«

Am 13. August 1942 notierte Antoni Szymanowski: »Die wenigen Juden, die ich persönlich von vor dem Kriege kannte, waren zumeist Getaufte. Es gab deren doch einige; und viele kamen in der Zeit des Bestehens des Ghettos dazu. Dieser Drang zur Taufe, der Hunderte, wenn nicht Tausende Personen umfaßte, verdient große Beachtung – gab sie ihnen doch keine Gewähr mehr für die Sicherheit oder Verbesserung ihres Schicksals. Jene Neubekehrten, tatsächlich fast nur Intelligenz-

50

ler, gruppierten sich um die Pfarrei Allerheiligen. Heute befahl man allen Priestern der Pfarrei, mit Prälat Godlewski an der Spitze, das Ghetto zu verlassen. Und im ›arischen‹ Warschau hält die Jagd auf Flüchtlinge an. Für das Sichverstecken außerhalb des Ghettos, für einem solchen Juden erwiesene Hilfe – eine Kugel ·in den Kopf.«

Vom 9. bis 16. August 1942 wurde eine Reihe Anordnungen erlassen, die das Ghettoterritorium sukzessive verringerten und alle Einwohner zum sofortigen Verlassen – innerhalb einiger Stunden – einer Anzahl Straßen verpflichteten. Das war so: Zu Anfang vertrieb man die Menschen aus dem sogenannten kleinen Ghetto, d. i. der Südteil ab Chlodna Straße, und beließ dort nur die kasernierten Arbeiter einiger deutscher Werkstätten. Von Mitte August an war es unter Androhung des Erschießens an Ort und Stelle verboten, im Gebiet südlich der Leszno Straße zu wohnen oder sich dort nur aufzuhalten. Den Sitz des jüdischen Gemeinderates verlegte man aus der Grzybowska Straße 26 in das Gebäude des ehemaligen Militärgefängnisses in der Zamenhoffa Straße 19.

Am 13. August 1942 lesen wir in einem ideologischen Organ der AK (Heimatarmee) »Wiadomosci Polskie« (Nr. 14–15) in einem umfangreichen Artikel unter dem Titel »Hinter den Ghettomauern«:

»Die Ausrottung von Millionen Menschen aus rein rassischen Gründen kennzeichnet zutiefst die Ideologie, aus der heraus diese Morde als ihre Folge, ja, Ausgeburt und letzte Konsequenz erwachsen sind. Nach 2000 Jahren Siegeszug der Lehre Christi von der Nächstenliebe also, und nach noch längeren Zeiträumen, in denen alle Religionen der Welt das Gebot gepredigt haben ›Du sollst nicht töten‹, lebt im Herzen Europas ein Volk, das sich christlich nennt und im Namen des Christentums angeblich gegen bolschewistische Gottlosigkeit kämpft, das solche Unmenschlichkeit verübt... Man muß vielleicht bis in das finstere Mittelalter, oder noch weiter – bis zu den vorgeschichtlichen Höhlenmenschen zurückgehen, um verwandte, tierische Neigungen zu entdecken. Dafür fehlen alle Begriffe in der menschlichen Sprache!«

Am 16. August 1942 nahm vormittags eine Truppe der Warschauer Gestapo unter Führung von SS-Untersturmführer Brandt die Selektion der bisher verschonten Angestellten des jüdischen Gemeinderates und seiner Filialen vor. Über 700 Menschen wurden auf den Umschlagplatz gebracht.

Am 17. August 1942 wurden im Ghetto Bekanntmachungen herausgegeben, daß die Führung, Offiziere und Funktionäre der Ghettopolizei, die der pflichteifrigen Mittäterschaft bei der Vernichtungsaktion beschuldigt wurden, durch den jüdischen Untergrund unter Anklage gestellt wurden.

Am 19. August 1942 hören für einige Tage die alltäglichen Razzien und Deportationen aus dem Warschauer Ghetto auf. Die NS-Polizeitrupps unternehmen unterdessen eine ähnliche Ausrottungsaktion in den noch bestehenden jüdischen Siedlungen außerhalb Warschaus, in der Umgebung der Stadt, in erster Linie an der Straße nach Otwock.

Am 21. August 1942 verübte Israel Kanal von der national-konservativen »Akiba«-Gruppe ein Attentat auf den Kommandanten des Jüdischen Ordnungsdienstes im Warschauer Ghetto, Josef Szerynski, in dessen Wohnung in der Nowolipki Straße 10. Szerynski wurde verwundet.

Am 25. August 1942 notierte Abraham Lewin in seinem Tagebuch: »Heute ist es 5 Wochen her, daß das Abschlachten der Juden in Warschau und Umgebung begann. Die ›Aktion‹ geht weiter. Heute haben die Deutschen zusammen mit Ukrainern eine Razzia im Häuserblock des Gemeinderates gemacht, d. h. in der Zamenhoffa-, Pawia-, Gesia- und Lubecka Straße.«

Am 31. August 1942 schrieb Leon Feiner, der Vorsitzende des geheimen Zentralkomitees des »Bundes« in Polen, an Szmul Zygielbojm, einen Funktionär des »Bundes« und Mitglied des Nationalrates in London:

»... Hier und da gab es Anzeichen aktiven Widerstandes. Häuser wurden verbarrikadiert... Diese Zeichen des Widerstandes endeten natürlich mit der sofortigen vollständigen Beseitigung an Ort und Stelle. Das waren ja lediglich sporadische Erscheinungen. Massenhaften aktiven Widerstand hat es bisher nicht gegeben und gibt es jetzt auch nicht. Die Gründe:

1. Die Illusionen, die durch den Feind genährt werden.
2. Die Beamten und Mitglieder des Rates sind daran interessiert, daß es keinen Widerstand gibt, damit sie sich retten können.
3. Die kollektive Verantwortung der Juden, alle können umkommen, ein tragisches Dilemma.
4. Das klare Wissen um fehlendes Echo im Ausland.
5. Fehlende Hoffnung auf Hilfe von jenseits der Ghettomauern.

Der aufgeklärte Teil der jüdischen Arbeiterklasse und Intelligenz ist sich über die Notwendigkeit aktiven Widerstandes im klaren, ungeachtet dessen, daß angesichts des Ergebnisses der von den Deutschen im Ghetto und rundherum zielstrebig und bewußt geschaffenen Atmosphäre und Situation ein Widerstand im größeren Maße nicht erfolgreich wäre. Jedoch haben die konservativen jüdischen Kreise diesen Gedanken abgelehnt, und zwar mit Hinweis auf die sofort eintretende blutige Reaktion der deutschen Behörden, also auf die katastrophalen Folgen für die gesamte Bevölkerung.«

In den ersten Septembertagen 1942 wird die tägliche Aussiedlungsaktion im Ghetto mit unverminderter Stärke fortgesetzt. Die Nazi-Polizei gibt neue Bekanntmachungen heraus, die die Leute abschrecken sollen, Verfolgten Hilfe zu leisten:

BEKANNTMACHUNG

Betr.: Todesstrafe für die Unterstützung von Juden, die die jüdischen Wohnbezirke unbefugt verlassen haben.

In der letzten Zeit haben sich zahlreiche Juden aus den ihnen zugewiesenen jüdischen Wohnbezirken unbefugt entfernt. Sie halten sich z. Zt. noch im Distrikt Warschau auf.

Ich weise darauf hin, daß durch die Dritte Verordnung des Generalgouverneurs über Aufenhaltsbeschränkung im Generalgouvernement vom 15. 10. 1941 (VBlGG. S. 595) nicht nur die Juden, die in dieser Weise unbefugt den ihnen zugewiesenen Wohnbezirk verlassen haben, mit dem Tode bestraft werden, sondern daß die gleiche Strafe jeden trifft, der solchen Juden wissentlich Unterschlupf gewährt. Dazu gehört nicht nur die Gewährung von Nachtlager und Verpflegung, sondern auch jede anderweitige Unterstützung, z. B. durch Mitnahme in Fahrzeugen aller Art, durch Ankauf jüdischer Sachwerte usw.

Ich richte hiermit an die Bevölkerung des Distrikts Warschau die Aufforderung, jeden Juden, der sich unbefugt außerhalb eines jüdischen Wohnbezirks aufhält, sofort dem nächsten Polizeirevier oder Gendarmerieposten zu melden.

Wer einem Juden Unterstützung hat zuteil werden lassen oder z. Zt. noch zuteil werden läßt, hiervon aber bis zum 9. 9. 42, 16 Uhr, der nächsten polizeilichen Dienststelle Mitteilung macht, wird STRAFRECHTLICH NICHT VERFOLGT WERDEN.

In der gleichen Weise wird gegen denjenigen von einer Strafverfolgung Abstand genommen, der die von einem Juden erworbenen Sachwerte bis zum 9. 9. 42, 16 Uhr, in Warschau, Niskastr. 20, abliefert oder bei dem nächsten Polizeirevier bzw. Gendarmerieposten Meldung erstattet.

Warschau, den 5. September 1942
Der SS- und Polizeiführer
im Distrikt Warschau

Außer durch repressive Anordnung bemühten sich die Okkupanten, mit den Mitteln der Propaganda auf das Verhalten der polnischen Bevölkerung einzuwirken. Plakate, Flugblätter und Artikel in der in polnischer Sprache herausgegebenen Nazi-Presse sollten davon überzeugen, daß der Jude ein Wirtschaftsschädling, ein Schmuggler, ein Wucherer wäre, daß er der Bazillenträger des Flecktyphus wäre, der die Gesundheit und das Leben der »Arier« bedrohte, und schließlich, daß ausschließlich die Juden am Ausbruch des Zweiten Weltkrieges Schuld wären.

Die polnische konspirative Presse arbeitete systematisch gegen diese nazistische Lügenpropaganda. Und als Antwort auf neue repressive Anordnungen erneuerte sie die Appelle zur Rettung der Opfer der Nazibestialität um jeden Preis.

»Für die Unterstützung der Juden, die in geringer Zahl den Henkersknechten zu entrinnen vermochten, haben die Deutschen die Todesstrafe angedroht. Jeder anständige Mensch betrachtet mit Verachtung diese Drohungen, denn er weiß, daß Hilfe in der Not, die Rettung des vom Tode bedrohten Nächsten eine Pflicht ist, vor der die Angst vor der Todesstrafe verblaßt«, meinte das sozialistische Blatt »WRN« (in der Nr. 18 vom 28. September 1942). »Pflicht eines jeden

Polen ist es, den Opfern der deutschen Bestialität zu helfen.«

Und das marxistische Blatt für Gesellschaft und Kultur »Przelom«, »Der Durchbruch«, redigiert von Władysław Bienkowski, appellierte in Nr. 1 vom September 1942:

»Seit 2 Monaten sind wir in Warschau Zeugen des Massakers an der jüdischen Bevölkerung (...) Das Blut unschuldiger jüdischer Opfer sowie das Blut aller in Lagern und Gefängnissen Hingemordeten ist geflossen für den Wahn, die Welt zu beherrschen, in der Ermordung Wehrloser sehen die einen Schritt in Richtung auf die Erfüllung ihrer geschichtlichen Mission (...) Wir rufen alle Polen auf, den Opfern Hilfe zu leisten, denen es gelungen ist, der Hinrichtung zu entgehen.«

Die Leitung des Zivilkampfes gab Mitte September 1942 in der »Rzeczpospolita Polska« (Nr. 16), im »Biuletyn Informacyjny« (Nr. 37) und in verschiedenen anderen konspirativen Zeitungen, folgende Erklärung ab:

»Neben der Tragödie, die das vom Feind dezimierte polnische Volk durchmacht, dauert auf unseren Gebieten seit nahezu einem Jahr ein ungeheuerliches, planmäßiges Abschlachten der Juden an. Dieser Massenmord ist in der Weltgeschichte ohne Beispiel, im Vergleich mit ihm verblassen alle uns aus der Geschichtge bekannten Grausamkeiten. Säuglinge, Kinder, Jugendliche, Erwachsene, Alte, Krüppel, Kranke, Gesunde, Männer, Frauen, jüdische Katholiken und Juden jüdischen Glaubensbekenntnisses werden ohne jeden anderen Grund, nur wegen der Zugehörigkeit zum jüdischen Volk mitleidlos ermordet, mit Gas vergiftet, lebend begraben, und aus den Obergeschossen aufs Straßenpflaster geworfen – wobei sie vor dem Tode noch die zusätzliche Pein des langsamen Dahinsiechens, die Hölle der Erniedrigung und der Qual, der zynischen Mißhandlung durch die Henker durchmachen.

Die Zahl der auf diese Weise umgebrachten Opfer übersteigt eine Million und wird von Tag zu Tag größer.

Da die Leitung des Zivilkampfes dem nicht aktiv
entgegenwirken kann, erhebt sie im Namen des ganzen
polnischen Volkes Protest gegen das an den Juden
begangene Verbrechen. In diesem Protest vereinigen
sich alle politischen und gesellschaftlichen Organisationen Polens. Genauso wie im Falle der polnischen Opfer
fällt die Verantwortlichkeit für diese Verbrechen den
Henkern und ihren Helfershelfern zu.«

Unterdessen spielt sich in den Tagen vom 6. bis 12.
September 1942 der vorletzte Akt der Tragödie ab.

»Am 6. September 1942 werden alle am Leben gebliebenen Einwohner des Ghettos aufgerufen, sich im
Umkreis der Straßen: Gesia, Zamenhoffa, Lubecka,
Stawki zu stellen. Hier soll die endgültig letzte Registrie-
rung stattfinden«, erzählt Marek Edelman. »... In dem
kleinen Straßenkarree versammelt sich die gesamte Ein-
wohnerschaft des Ghettos: Fabrikarbeiter, Beamte des
Judenrates, der Gesundheitsdienst, Krankenhausange-
stellte, die Kranken werden direkt auf den Umschlagplatz befördert. Jeder deutschen Firma sowie dem Judenrat billigen die Deutschen eine bestimmte Anzahl Angestellter zu, die bleiben dürfen. An diese Erwählten
werden Nummern ausgegeben. Nummern bedeuten
Leben. Die Chancen sind gering, aber daß sie da sind,
genügt, daß von neuem der menschliche Verstand verwirrt ist, daß sich von neuem die gesamte Aufmerksamkeit nur auf das eine konzentriert, daß alles, außer eine
Nummer zu bekommen, aufhört, wichtig zu sein. Die
einen kämpfen lautstark um sie, mit Geschrei beweisen
sie ihr Recht auf Leben, die anderen warten in tränen-
schwerer Resignation auf das Urteil. In größter Span-
nung verläuft die letzte Selektion. Nach zwei Tagen, von
denen jede Stunde wie ein ganzes Jahr erscheint, werden

die Ausgewählten in Begleitung an die Arbeitsplätze geführt, wo sie kaserniert werden. Den Rest führen die Deutschen auf den Umschlagplatz ab. Ganz zum Schluß kommen die Polizistenfamilien.

Das, was jetzt auf dem Umschlagplatz vor sich geht, wo es keinerlei Rettung mehr gibt, läßt sich nicht einmal in gefühlloseste menschliche Worte fassen. Die schon früher hergeführten Kranken aus dem kleinen Krankenhaus, Erwachsene und Kinder, liegen verlassen in kalten Räumen. Sie machen unter sich, und man läßt sie in der stinkenden Schmiere aus Urin und Kot liegen. Krankenschwestern suchen in diesem Gewühle ihre Väter und Mütter und mit leuchtenden Augen injizieren sie ihnen wohltuendes, den Tod herbeirufendes Morphium.

Irgendjemandes barmherzige Arzthand flößt der Reihe nach in die entzündeten Mündchen fremder, kranker Kinder Wasser mit gelöstem Zyanid ein... Zyanid – das ist jetzt der kostbarste, unersetzbare Schatz. Zyanid bedeutet einen ruhigen Tod, es rettet vor den Waggons.«

Am 12. September 1942 ist die »große Liquidierungsaktion« des Warschauer Ghettos im großen und ganzen abgeschlossen. In ihrem Verlauf deportierte man über 310000 Männer, Frauen und Kinder aus dem Ghetto in den Tod, hauptsächlich nach Treblinka II. Offiziell waren jetzt nur noch etwa 35000 Personen, die in verschiedenen für die Deutschen arbeitenden Werkstätten beschäftigt waren, in dem bedeutend verkleinerten Ghettogelände am Leben. Tatsächlich aber hatten sich im Ghetto noch einmal soviel Menschen versteckt. Mindestens zwischen 10000 und 20000 Personen konnten sich unmittelbar vor Beginn der »großen Aktion« oder noch während ihres Verlaufs auf die »arische Seite« schlagen und sich dort verstecken. In Warschau blieben noch annähernd 70000 Juden innerhalb der Mauern der Ghettos am Leben, abgesehen von jenen, die sich unter der polnischen Bevölkerung versteckt hielten. Bedingt durch den steigenden Naziterror und das allgemeine Elend waren die individuellen Hilfsakte seitens der Menschen guten Willens nicht ausreichend. Eine umfangreiche Hilfsaktion war dringend notwendig. Während auf jüdischer Seite die im Untergrund tätigen zionistischen Organisationen und der »Bund« mit dem Ziel einer gemeinsamen Aktion gegen den Feind eine Verständigung erzielten, gelang es auf der polnischen Seite während der Sommer- und Herbstmonate des Jahres 1942, die Zustimmung einiger Untergrundorganisationen zur Schaffung einer gemeinsamen illegalen Institution für die Hilfeleistung an die Juden zu erreichen. Ich hatte Gelegenheit, bei der Schaffung dieser Organisation, die später den Namen »Hilfsrat für Juden« (Rada Pomocy Zydom) trug, seit ihren ersten Anfängen mitzuarbeiten und konnte persönlich bei der Kontaktaufnahme mit den Vertretern des »Bundes« und der zionistischen Organisationen im Herbst 1942 in Warschau mitwirken.

Im Frühsommer 1941 kehrte ich mit einigen hundert anderen aus dem Konzentrationslager Auschwitz freigelassenen Männern nach Warschau zurück. Im Zuge einer Massenaktion gegen die Intelligenzschichten Warschaus, war ich im Jahre 1940 verhaftet und ins Lager gebracht worden, wo ich als politischer Gefangener, »Schutzhäftling« Nummer 4427, festgehalten wurde. Ich war damals gerade neunzehn Jahre alt. Aber bald sammelte ich über mein Alter hinaus bittere Erfahrungen, obwohl dies eine Zeit war, in der man noch keine Gaskammern und Massentötung, sondern nur den »normalen« Erschöpfungstod durch übermäßige, die Kräfte übersteigende Arbeit, unvorstellbaren Hunger und bestialische Schläge kannte. Vor meiner Verhaftung war ich Angestellter des Polnischen Roten Kreuzes im besetzten Warschau. Die Probleme der karitativen Tätigkeit und der Hilfeleistung für durch Kriegshandlungen geschädigte Personen waren mir somit keineswegs fremd. Im Lager, wo ich das tiefste menschliche Elend sah und erlebte, gewann ich die Überzeugung, daß die Hilfeleistung für die Geschädigten und Opfer des Naziterrors das Allerwichtigste wäre.

Vor meiner Einlieferung nach Auschwitz gab es in meiner Heimatstadt noch kein Ghetto. Die Abtrennung eines Teiles von Warschau durch eine drei Meter hohe Mauer und die zwangsweise Ansiedlung einer halben Million Menschen innerhalb dieser Mauern waren die bedeutendsten Änderungen, die ich dort nach meiner Rückkehr vorfand. Auf der »arischen« Seite der Mauer lebten in der polnischen Gemeinschaft illegal einige tausend, ja vielleicht mehr als zehntausend Juden. Sie brauchten Tauf- und Geburtsurkunden, die auf »arische« Namen ausgestellt sein mußten, gefälschte Arbeits- und Kennkarten, ein Dach über dem Kopf und oft auch finanzielle Hilfe. Meine erste Berührung mit dem Problem der Hilfeleistung an die im Untergrund Lebenden (es war dies in den Wintermonaten 1941/42) hatte ich bei der Beschaffung von Dokumenten für Leute, die ich nicht persönlich, sondern nur von einem Photo her kannte, welches auf diese Dokumente geklebt wurde. Die wichtigste Quelle der kostenlosen Beschaffung von Dokumenten war damals für mich mein gleichaltriger Freund, der Medizinstudent Zbigniew Karnibad, der in einer illegalen Zelle arbeitete, die sich mit der Herstellung von gefälschten Papieren für eine Gruppe der Organisation AK, der Heimatarmee, beschäftigte.[1] Mit der Versorgung von Juden, die sich inner- und außerhalb von Warschau versteckt hielten, und mit der Fälschung von Dokumenten beschäftigten sich übrigens damals viele Angehörige der verschiedenen Untergrundorganisationen sowie auch katholische Geistliche. Mitte 1942 kam ich mit zwei im Polen der Vorkriegsperiode geschätzten Persönlichkeiten in Berührung, die in ganz verschiedenen ideologisch-politischen Bereichen tätig waren: Die eine von ihnen, Zofia Kossak-Szatkowska, war eine in Europa bekannte katholische Schriftstellerin, die seit Anfang der Naziokkupation illegal in Warschau lebte und wegen ihrer antinazistischen Einstellung vor dem Kriege von der Gestapo gesucht wurde; die zweite, Wanda Krahelska-Filipowicz, stand während ihrer Studentenjahre sozialistischen Kreisen nahe und verübte als junge Studentin vor dem Ersten Weltkrieg das berühmte Bombenattentat auf den russischen Statthalter von Warschau, General Skallon. Die beiden führten schon seit vielen Monaten eine geheime Rettungsaktion für Flüchtlinge aus den Ghettos, vor allem für Frauen und Kinder, durch, die in der Bereitstellung von materiellen Mitteln, Dokumenten und Beschaffung von Unterkünften bestand. Ihr großer Bekanntenkreis und ihre soziale Autorität waren ihnen dabei von großem Nutzen. Sie widmeten sich mit großer Hingabe und ganzem Herzen der Sache und begrüßten mit Freude jeden Menschen, der das Risiko wagte, an dieser Aktion mitzuwirken. Ich traf mit Zofia Kossak sofort ein Übereinkommen und wirkte seither oftmals als Verbindungsmann zwischen ihr und verschiedenen Personen, sowohl Polen als auch Juden, mit denen sie

[1] Karnibad wurde im Oktober 1943 von der Gestapo verhaftet und nach einigen Tagen erschossen.

zusammenarbeitete; ich übermittelte Dokumente und Geld und nötigenfalls Warnungen.

Durch Vermittlung von Ewa Raabe-Wasowicz, einer Jüdin, die auf der »arischen« Seite lebte, lernte ich unter anderen Leon Feiner kennen, Doktor der Rechtswissenschaften und Mitglied der Leitung des jüdischen Arbeiterverbandes BUND; mit ihm verband mich dann eine nahezu zwei Jahre währende Zusammenarbeit. Die Organisierung von Hilfeleistungen beschäftigte mich von Monat zu Monat mehr und wurde bald zu einer meiner Hauptbeschäftigungen. Die Aktion zur Liquidierung von Ghettos, die in Zentralpolen im Jahre 1942 begann, stellte eine Maßnahme dar, die die Menschen guten Willens ganz besonders zum Protest und Widerstand herausforderte.

Ende September 1942 wurde auf Initiative der beiden erwähnten Frauen – Zofia Kossak und Wanda Krahelska-Filipowicz – das sogenannte »Provisorische Konrad-Zegota-Komitee« (eine Tarnbezeichnung) gegründet, das die von mutigen Einzelpersonen begonnene Aktion organisieren, fortsetzen und erweitern sollte. In den ersten Wochen seiner Tätigkeit erfaßte das Komitee mit seinen Hilfeleistungen rund 120 Kinder. Etwa die Hälfte von ihnen hielt sich in Warschau versteckt, eine kleine Zahl befand sich in Krakau, der Rest in Kielce, Radom, Lublin, Bialystok und Brest-Litowsk. Ihnen wurde mit Geld, Dokumenten, Bereitstellung von Quartieren und sogar mit Beschaffung legaler Arbeit geholfen. Trotz des außerordentlich großen Arbeitsaufwands und des enormen Risikos, das die Mitarbeiter des Komitees auf sich nahmen, war deren Tätigkeit anfangs bloß der sprichwörtliche Tropfen im Meer. Die notwendigen Voraussetzungen, um einer größeren Zahl der verfolgten Juden Schutz gewähren zu können, bestanden einerseits in der Weckung des Interesses für diese

Sache bei allen demokratischen politischen Parteien in der polnischen Widerstandsbewegung, ferner in der Kontaktnahme mit den Vertretern der jüdischen Untergrundorganisationen, die gerade damals ein Arbeitsübereinkommen erzielten, und andererseits – angesichts des allgemeinen Elends im besetzten Polen – in der raschen Herbeischaffung beträchtlicher Fonds aus dem Ausland für diese Aktion durch Vermittlung der polnischen Exilregierung in London, an deren Spitze General Sikorski stand, und schließlich in der Herstellung des Einvernehmens mit den großen jüdischen Hilfsorganisationen des Westens. Diese Fragen waren selbstverständlich nicht nur mit einer entsprechenden Nachrichtenversorgung der Menschen im Lande (vermittels der Untergrundpresse) verbunden, sondern noch wichtiger war, die Menschen in den alliierten Staaten, die gegen Hitlerdeutschland kämpften, über das Schicksal der Juden in Polen wahrheitsgetreu zu informieren. Wir unternahmen sofort den Versuch, diese Aufgaben in die Tat umzusetzen.

Im Oktober 1942 traf ich zum ersten Mal Adolf Berman, Doktor der Psychologie und ehemaliger Leiter der karitativen Kinderschutzorganisation »Centos« im Warschauer Ghetto, dem es Anfang September 1942 (nach Beendigung der von SS-Sturmbannführer Hoefle durchgeführten brutalen »Aktion«) gelungen war, gemeinsam mit seiner Frau Basia, ebenfalls einer Sozialarbeiterin, das Ghetto zu verlassen. Er nahm dann durch Vermittlung des Ehepaares Maria und Stanislaw Ossowski, beide hervorragende Wissenschaftler und Professoren der Warschauer Universität, und von Wanda Krahelska-Filipowicz mit der polnischen Widerstandsbewegung Kontakt auf. Unsere Zusammenkunft fand in einer Wohnung statt, die für konspirative Zwecke verwendet wurde und in einer stillen Gasse an der Weichsel gelegen war (Radnastraße Nummer 4)'. Berman repräsentierte dort verschiedene zionistische Organisationen; ich war Vertreter einer katholischen Gruppe, die mit Zofia Kossak in Verbindung stand (diese Gruppe arbeitete unter dem Namen »Front für die Wiedergeburt Polens«). Außerdem waren dort Leon Feiner als Vertreter des BUND und Julian Grobelny, ein alter sozialistischer Funktionär, anwesend. Der letztere war von der Polnischen Sozialistischen Partei entsandt worden, deren zahlreiche ehemalige Mitglieder seit dem Anfang der Okkupation ihren vormaligen jüdischen Parteigenossen nach Möglichkeit beistanden, insbesondere in Warschau und Krakau. Ich glaube, mich erinnern zu können, daß an dieser Konferenz (oder vielleicht an der darauffolgenden) auch die Vertreter der Liberal-Demokratischen Partei und der Bauernpartei teilnahmen. Auf jeden Fall erzielten Menschen, die so verschiedene politische Richtungen vertraten, rasch ein völliges Übereinkommen, in bezug auf die Notwendigkeit, eine ständige und möglichst starke Organisation zu schaffen, die an die Stelle des Provisorischen Komitees treten sollte, um eine umfangreiche Hilfsaktion für die bedrängten Juden durchführen zu können. Dieses Übereinkommen wurde vom Bevollmächtigten der Regierung in der Heimat, also vom Vertreter der Exilregierung, Universitätsprofessor Jan Piekalkiewicz, der in Warschau war, unterstützt.[2]

Im Dezember 1942 konstituierte sich die neue Organisation formell unter dem Namen »Hilfsrat für Juden« (Rada Pomocy Zydom). Gleichzeitig wurde der Deckname ZEGOTA angenommen, um in der

[2] Von der Gestapo im Februar 1943 verhaftet, wurde er während der Verhöre zu Tode gequält.

64

Korrespondenz und den Gesprächen das gefahrbringende Wort »Juden« zu vermeiden.

Die Leitung des Rates setzte sich folgendermaßen zusammen: Julian Grobelny von der Polnischen Sozialistischen Partei als Vorsitzender, zwei stellvertretende Vorsitzende – Rechtsanwalt Tadeusz Rek von der Bauernpartei und Dr. Leon Feiner vom BUND –, als Sekretär Dr. Adolf Berman, der Vertreter der zionistischen Organisationen, und als Schatzmeister Ferdynand Marek Arczynski von der Demokratischen Partei. Überdies wurde eine ständige Verbindung zwischen dem Rat und dem Bevollmächtigten der Regierung geschaffen.

Das historische Datum, Dezember 1942, war der Beginn der Zusammenarbeit zwischen Polen und Juden, um eine möglichst große Zahl von Menschen vor dem vom nationalsozialistischen Deutschland über das ganze jüdische Volk verhängten Todesurteil zu retten. Die bemerkenswerte Entwicklung des Hilfsrates für die Juden in den nachfolgenden Kriegsjahren, die Teilnahme von neuen politischen Gruppen (zum Beispiel des linken sozialistischen Flügels), die Schaffung von reibungslos arbeitenden Zweigstellen in Krakau und Lemberg sind Ereignisse, die eine besondere Würdigung verdienen. Der gelungene Versuch, Beweismaterial für das Schwarzbuch über die ungeheuerliche Aktion der Ausrottung der Juden in Polen und für die Alarmierung der Weltmeinung im Herbst 1942 von Polen nach dem Westen zu sichern und zu übermitteln, muß gesondert erwähnt werden. Diesen Versuch unternahmen Arbeiter der Untergrundbewegung in Warschau, die der Gruppe jener Funktionäre nahestanden, die den Hilfsrat geschaffen haben. Noch bevor wir die Untergrundorganisation »Hilfsrat für Juden« ins Leben riefen, gab es im Informations- und Propagandabüro des Hauptquartiers der »Heimatarmee« ein besonderes Nationalreferat, das eine umfangreiche Tätigkeit entfaltete und im Jahr 1941 von Stanisław Herbst (nach dem Kriege Professor an der Warschauer Universität und Vorsitzender der Polnischen Historischen Gesellschaft) geleitet wurde. Dieses Referat sammelte sämtliches Material über die Lage der nationalen Minderheiten im besetzten Polen und insbesondere über die Lage der Juden. Im Winter 1941/42 wurde dann in der Heimatarmee (AK) ein eigenes Judenreferat geschaffen, mit dessen Leitung der Jurist und demokratische Vorkämpfer Henryk Wolinski betraut wurde (gegenwärtig Rechtsanwalt in Kattowitz), der diese Funktion bis Kriegsende ausübte. Das Judenreferat beschäftigte sich zu Beginn seiner Tätigkeit hauptsächlich mit der Kontaktaufnahme mit den Ghettos und Lagern, besonders der jüdischen Intelligenz, die in Institutionen wie Kultusgemeinden oder Spitälern beschäftigt war, aber auch mit den im »Bund« organisierten Arbeiterfunktionären, um Informationen zu bekommen, die für die Übermittlung nach dem Westen bestimmt waren. Durch das Judenreferat der Heimatarmee wurden Berichte über die fortschreitenden Judenverfolgungen nach London weitergegeben, die sowohl für die dortigen polnischen Zentralstellen als auch für jene jüdischen Vertreter bestimmt waren, die im Exilparlament – dem Nationalrat in London – die Juden Polens repräsentierten. Im Jahr 1942 waren der Zionist Dr. Ignacy Schwarzbart und der Vertreter des »Bund« Szmul Zygielbojm in dieser Eigenschaft tätig.

Angesichts der im Jahre 1942 verstärkt fortschreitenden Ausrottung der in den Ghettos zusammengedrängten Juden schien uns die Alarmierung der öffentlichen Weltmeinung und die Ausübung eines Druckes dieser Weltmeinung auf Deutschland als eine Frage von größter Bedeutung. Geheime Radiosender, über die die Heimatarmee und die Untergrundvertretung der polnischen

Regierung im Lande verfügten, übermittelten im Laufe des Jahres 1942 immer wieder Nachrichten über die Vorgänge in Polen nach London. Eine große Rolle spielte vorerst jedoch die Reise eines Sonderkuriers der Heimatarmee von Warschau nach England. Sein Name war Jan Kozielewski, der unter dem Decknamen von Jan Karski seine Tätigkeit ausübte. Karski (derzeit Professor an der Georgetown-Universität in Washington), der Zeuge der Liquidierungsaktion des Warschauer Ghettos im Sommer 1942 und der Massentransporte nach Treblinka war, nahm vor seiner Abreise an einer Konferenz mit den Vertretern der zionistischen Organisationen und des »Bund« in Warschau teil, die ihn über die Lage ausführlich unterrichteten und ihm mündliche Weisungen für die Mandatsträger in England übergaben.

Ich kam persönlich mit Karski Ende August oder im September 1942, also noch zur Zeit der Massenvernichtungsaktionen in den Ghettos, in Berührung. Ich hatte Gelegenheit, im Gespräch festzustellen, wie stark ihn dieses ungeheuerliche Verbrechen bewegte.

Karski kam im November 1942 unversehrt in London an, wo er die sofortige Veröffentlichung des Schwarzbuches veranlaßte und energische Schritte zur Aufklärung der führenden politischen Kreise Großbritanniens über die grauenhaften Vorgänge in Polen unternahm. Er führte Gespräche nicht nur mit dem polnischen Exilministerpräsidenten Sikorski, sondern auch mit Winston Churchill, mit hervorragenden Persönlichkeiten der intellektuellen Welt des Westens wie H. G. Wells, A. Koestler und anderen (seine Mission beschrieb er später in einem Buch unter dem Titel »Story of a Secret State«, veröffentlicht im Jahre 1944 in den USA).

Wir in Warschau warteten ungeduldig auf die Ergebnisse von Karskis Reise. Alsbald erfuhren wir hierüber durch den Rundfunk, denn obwohl der Besitz von

Radioempfängern in Polen mit der Todesstrafe bedroht war, wurde sowohl auf der »arischen« Seite als auch im Ghetto Radio nicht nur gehört, sondern auch der Inhalt der abgehörten Nachrichten in Form zahlreicher Untergrundkommuniqués veröffentlicht. Am 27. November 1942, bald nach der Ankunft Karskis in England, protestierte der polnische Nationalrat in London in einem einstimmig gefaßten Beschluß gegen die Massenvernichtung der jüdischen Bevölkerung in Polen und verlangte das Eingreifen der Alliierten. Am 10. Dezember 1942 trat das in London amtierende polnische Außenministerium mit einer diplomatischen Note an die Regierungen der Staaten der Anti-Hitler-Koalition heran, in der unter anderem festgestellt wurde, daß »es nicht genügt, ein Verbrechen zu brandmarken, sondern daß man auch Mittel und Wege finden müsse, um der weiteren Verübung eines solchen Einhalt zu gebieten«. In der Folge veröffentlichten die Regierungen der drei Großmächte – der Vereinigten Staaten, Großbritanniens und der Sowjetunion – sowie das Komitee des Freien Frankreichs am 17. Dezember 1942 eine einstimmig beschlossene Deklaration, in welcher sie für die Mörder nach Beendigung des Krieges schwerste Strafen in Aussicht stellten. In Hoffnung auf die moralische Auswirkung dieses Ereignisses, das durch eine gemeinsame Aktion polnischer und jüdischer Mitarbeiter der Untergrundbewegung herbeigeführt wurde, die mit Hilfe von zahllosen namenlosen Informanten das Beweismaterial gesammelt hatten, gaben wir dieser Nachricht in unserer Untergrundpresse sofort breitesten Raum.

Die Wirklichkeit des Alltags im besetzten Polen ließ uns jedoch nicht viel Zeit für Überlegungen über die Zukunft. Dringend notwendig war das sofortige und ständige Aufspüren aller Möglichkeiten einer wirksamen Hilfe für die Flüchtlinge aus den Ghettos und den

Todeslagertransporten, für die elternlosen Kinder und die Kranken, denen ärztliche Hilfe gebracht werden mußte. Die Erfüllung dieser scheinbar so einfachen Aufgaben nahm unter den Bedingungen der Okkupation tagtäglich viele Stunden der hilfsbereiten Menschen in Anspruch, die mit dem abgrundtiefen Elend und den fürchterlichen Leiden in Berührung kamen, die das Los der im Versteck lebenden Juden waren.

Nach einer Schätzung des jüdischen Historikers Emanuel Ringelblum gab es in Warschau allein einige zehntausend solcher Menschen. Der im Versteck lebende Mensch mußte wenigstens über eine Geburtsurkunde, eine Arbeitskarte und eine sogenannte Kennkarte verfügen, ein im besetzten Polen verpflichtendes Personaldokument. Die Geburtsurkunden konnten für die im Versteck Lebenden leicht durch die Pfarrer beschafft werden, die zur Ausfertigung der Dokumente die Namen jener verstorbenen Personen benutzten, deren Ableben in den Pfarrbüchern nicht vermerkt worden war. Die Kennkarten und Arbeitskarten wurden fabriziert, und zwar auf diese Weise: auf den mit Hilfe von polnischen Beamten entwendeten Blankoformularen wurde ein falscher »arischer« Name für den Juden eingesetzt, der sich außerhalb des Ghettos versteckt hielt. Bei zufälligen Straßenkontrollen – und man darf nicht vergessen, daß die Ausweiskontrolle von Passanten auf der Straße damals in Polen zur täglichen Praxis gehörte – genügte ein solches Dokument im allgemeinen, besonders bei Frauen.

Schwieriger als die Versorgung der im Versteck lebenden Menschen mit falschen Papieren war die Beschaffung von Wohnraum für sie. Der Grund hierfür war nicht allein die Tatsache, daß auf die Gewährung eines Unterschlupfes für Juden die Todesstrafe stand, sondern auch, daß die Wohnverhältnisse der überwiegenden

Mehrzahl der polnischen Familien während der Okkupation überaus schlecht waren und daß nahezu jedes Haus durch die Inhaftierung zumindest eines Familienmitglieds im Nazigefängnis, im Lager, bei Zwangsarbeit oder in Gefangenschaft belastet oder bedroht war. Sowohl die Wohnungen der polnischen Intelligenz als auch die des Stadtproletariats waren zu allen Tages- und Nachtzeiten durch Hausdurchsuchungen bedroht und wurden überwacht. Nazipolizei und SS-Abteilungen auf der Suche nach versteckten Reserveoffizieren, geflüchteten Kriegsgefangenen oder nach beim Arbeitsamt nicht registrierten Jugendlichen fanden oft versteckte Juden. Dies hatte in der Regel tragische Folgen: Jozef Burzminski, Zahnarzt aus Przemysl, erzählte während des Eichmann-Prozesses in Jerusalem, wie er Zeuge der Ausrottung einer achtköpfigen Familie durch die Nazis wurde, weil im Haus dieser Familie ein einziges jüdisches Kind versteckt war. Professor Kazimierz Kolbuszewski, der bedeutende Literaturhistoriker und ehemalige Dekan der humanistischen Fakultät in Wilna, wurde in Lemberg wegen Hilfeleistungen für seine früheren jüdischen Studenten verhaftet und im Jahre 1943 im Lager Majdanek ermordet; zahlreiche Bauernfamilien aus vielen Ortschaften wurden erschossen, weil sie Juden versteckt hielten. Besonders in den Gebieten des ehemaligen Galiziens nahmen sich die durch das Gefühl der Menschlichkeit geleiteten Bauern der ihnen von früher bekannten Juden an.

Ich selbst erinnere mich noch deutlich an den Tag, an dem Bekannte in meine, durch verschiedene konspiratorische Kontakte belastete Wohnung einen Flüchtling aus dem Lager Lemberg-Janowska, den Buchhändler Maurycy Gelber aus Lemberg brachten. Dies geschah zu einem Zeitpunkt, als ich selbst die Absicht hatte, die Wohnung zu verlassen, weil ich mich begründeterweise bedroht fühlte. Ich mußte nun zusätzlich für ihn Schutz und Zuflucht suchen. Um bloß diesem einzigen Mann zu helfen, mußten einige meiner Bekannten und eine Anzahl von anderen anständigen, aber völlig fremden Menschen in die Angelegenheit eingeweiht werden. Der Flüchtling überlebte all dies glücklicherweise und lebt jetzt unter einem anderen Namen in den Vereinigten Staaten.

Trotz größter Bemühungen konnte jedoch nicht jeder gerettet werden. Ein Beweis hierfür ist das Schicksal von Emanuel Ringelblum, der, nachdem er im Jahr 1943 mit Hilfe von Polen aus dem Vernichtungslager gerettet worden war, im Jahr 1944 gemeinsam mit rund dreißig anderen Juden und der gesamten polnischen Familie, die ihnen Zuflucht gewährt hatte, ermordet wurde.

In der zweiten Hälfte des Jahres 1942 zeichnete sich bei den bis dahin geretteten und in geschlossenen Wohngebieten zusammengedrängten Juden deutlich der Entschluß ab, im Fall von weiteren Mordaktionen den Nazis Widerstand zu leisten. Die bereits im Sommer 1942 im Warschauer Ghetto bestehende Untergrundkampforganisation wurde mit Unterstützung von Menschen verschiedener Weltanschauung, des Zentrums- und des linken Flügels der Zionisten sowie des »Bund«, umgestaltet. Am 2. Dezember 1942 nahm diese Organisation den offiziellen Namen Jüdische Kampforganisation (ZOB) an, unter welchem sie später ruhmvoll in die Geschichte der europäischen Widerstandsbewegung einging. Die Beweggründe der jungen Leute, deren Alter zwischen zwanzig und dreißig Jahren lag und die die Kampforganisation ins Leben riefen, waren idealistisch: »Wir wollen nicht unser Leben retten. Wir wissen, daß keiner von uns lebendig hier herauskommt, aber wir wollen die menschliche Würde retten«, erklärte im Herbst 1942 der Vertreter der Jüdischen Kampforganisation Arie Wilner, einem meiner Freunde, dem Leiter des Judenreferats in der Heimatarmee Henryk Wolinski. In unserer Erinnerung bleibt Wilner eine der bewegendsten Gestalten der damaligen Jugendkampfbewegung im Warschauer Ghetto. Vom Ghetto zur »arischen« Seite delegiert, um von der polnischen Untergrundbewegung Waffen für den Kampf einzuholen, fand er den Weg zur Organisation Heimatarmee über den ihm schon aus der Vorkriegszeit bekannten Pfadfinderfunktionär Aleksander Kaminski (nach dem Kriege Professor an der Lodzer Universität). Sein Enthusiasmus, sein Mut und seine Opferbereitschaft erwarben sich die Achtung aller Polen, mit denen er in Berührung kam. Seine Mission erfüllte er – er erhielt eine Anzahl von Revolvern, einige hundert Granaten, Explosivmaterial und Instruktionen für die Herstellung von Bomben. Am 6. März 1943 wurde er von der Gestapo verhaftet und gab voll Stolz zu, Mitglied einer jüdischen Untergrundorganisation zu sein. Trotz unmenschlicher Folterung verriet er keine Adresse, keinen Namen, keinen Menschen. Mit Hilfe von polnischen Freunden gelang es ihm, kurz vor dem Ausbruch des Aufstandes im Warschauer Ghetto aus dem Gefängnis zu flüchten, er lehnte jedoch kategorisch die ihm angebotene Zuflucht auf der »arischen« Seite ab. Er begab sich ins Ghetto, um an dem Kampf teilzunehmen. Er fiel wie ein Held neben Anielewicz.

Ein anderer Schomer-Kämpfer, Jozef Kapłan, der im Sommer 1942 im Ghetto von der Gestapo unter dem Verdacht der Zugehörigkeit zu einer Untergrundorganisation verhaftet wurde, schrieb vor seinem Tod in einem Brief, der aus dem Gefängnis herausgeschmuggelt wurde: »Wenn wir sterben müssen, sterben wir mit Würde.«

»Erinnert euch, daß wir, die jüdische Zivilbevölkerung,

uns an der Front des Kampfes um Freiheit und Menschlichkeit befinden!« – lautete einer der ersten Aufrufe der Jüdischen Kampforganisation vom Dezember 1942. Gegen Ende 1942 wurde bei der Vertretung der polnischen Regierung, die im besetzten Lande tätig war, ein besonderes Referat geschaffen, welches vom Judenreferat der militärischen Organisation Heimatarmee sämtliche Kontakte, also die Verbindungen zu den jüdischen politischen Kämpfern, sowie die karitativen Angelegenheiten übernehmen sollte. AK – die Heimatarmee – sollte sich aber weiterhin mit den Fragen der Kampforganisation beschäftigen. Der Leiter des neuentstehenden Referats »Jan« schlug mich als seinen Vertreter vor, da ich bereits seit einigen Monaten über Verbindungen sowohl zu den Zionisten als auch zum BUND verfügte. Ich nahm diese Aufgabe an, weil ich wußte, wie notwendig sie war, hatte aber die Befürchtung, ihr nicht voll gewachsen zu sein, weil ich gleichzeitig im Hilfsrat für Juden bleiben sollte. Seit Anfang 1943 verband ich also zwei Funktionen: die Tätigkeit eines Mitgliedes des Rates, der alle sozialen Organisationen in sich vereinigte, und die Obliegenheiten des Stellvertreters des Repräsentanten der polnischen Regierung für jüdische Fragen. Dies änderte aber nicht viel an meinen Beziehungen zu den Menschen; ich traf weiterhin die Vertreter der polnischen Untergrundbewegung und der Geheimorganisationen, die mit ihm zusammenwirkten. Von diesem Zeitpunkt bis zum Ausbruch des Warschauer Aufstandes im Jahr 1944 gingen durch die Untergrundzelle, in der ich arbeitete, sämtliche Funksprüche und Berichte der jüdischen Untergrundbewegung nach England, den Vereinigten Staaten und nach Palästina, an die Funktionäre des Jüdischen Weltkongresses, an die Zionistische Weltorganisation und an den »Bund« in der freien Welt, ebenso die Geldbeträge, die von diesen Organisationen für die Juden in Polen überwiesen wurden.

»Für die Unterstützung der Juden, die in geringer Zahl den Henkersknechten zu entrinnen vermochten, haben die Deutschen die Todesstrafe angedroht. Jeder anständige Mensch betrachtet mit Verachtung diese Drohungen, denn er weiß, daß Hilfe in der Not, die Rettung des vom Tode bedrohten Nächsten eine Pflicht ist, vor der die Angst vor der Tofesstrafe verblaßt. Pflicht eines jeden Polen ist es, den Opfern der deutschen Bestialität zu helfen.« Das sind die festen und mahnenden Worte, mit welchen eines der illegalen Blätter der Sozialistischen Partei Polens im Herbst 1942 – zur Zeit der Endphase der Konstituierung der Untergrundorganisation »Hilfsrat für Juden« – vor die Öffentlichkeit trat. Diese Feststellung stand in unmittelbarem Zusammenhang mit einer neuen Seite von Terrorverordnungen der Nazis, die angesichts der Hilfeleistungen an Juden erlassen wurde.[3] Der Zweck des neu entstehenden Hilfsrates für Juden war grundsätzlich die Schaffung entsprechender organisatorischer und finanzieller Grundlagen, um der völligen Vernichtung eines Volkes auf wirksamste

---

[3] Die erste darauf bezogene Verordnung von Hans Frank erschien bereits am 15. Oktober 1941. Die Todesstrafe für Hilfeleistungen an Juden riefen in Erinnerung: Am 5. September 1942 der SS- und Polizeiführer im Distrikt Warschau Ferdinand von Sammern Frankenegg und am 25. September 1942 der SS- und Polizeiführer im Generalgouvernement Krüger, der in seiner Polizeiverordnung vom 28. Oktober 1942 noch weiter ging, indem er für den Tatbestand der Unterlassung einer Anzeige eines Falles von Unterschlupfgewährung von Juden an die deutschen Polizeistellen, also die Nichtzusammenarbeit mit dem Vernichtungsapparat, unter Strafsanktion stellte (in der Praxis bedeutete dies Haft in einem Konzentrationslager): »Gegen denjenigen, welcher davon Kenntnis erhält, daß ein Jude sich unbefugt außerhalb eines Judenwohnbezirks aufhält und der Polizei nicht Meldung erstattet, werden sicherheitspolitische Maßnahmen ergriffen.« Boettcher stellte in aller Öffentlichkeit fest, daß diese neuen Verordnungen aufgrund des erwiesenen Tatbestandes der Gewährung von Unterschlupf an Juden durch die polnische Bevölkerung erfolgten.

74

Weise Einhalt zu gebieten. In diesem Zusammenhang muß erwähnt werden, daß bei der Organisierung des Rates und seiner Arbeiten die Mitarbeiter der jüdischen Untergrundbewegung eine bedeutende Rolle spielten. Neben Leon Feiner (BUND), der stellvertretender Vorsitzender des Rates war, entfaltete besonders Dr. Adolf Berman, der als Sekretär des Präsidiums des Rates fungierte, als Vertreter der verständigungsbereiten zionistischen Organisationen (im sogenannten Jüdischen Nationalkomitee[4]) eine rege Tätigkeit. Die Leiterin des Untergrundbüros des Rates, der viele wichtige, die Hilfsaktion betreffende konspirative Angelegenheiten anvertraut waren, war von dem Zeitpunkt an, als der Rat ins Leben gerufen wurde, bis zum Ende des Krieges Lusia Hausman, vor dem Jahre 1939 eine Rechtsanwältin in Stryj (ehemaliges Ostgalizien), die sich unter dem falschen Namen »Zofia Rudnicka« in Warschau verborgen hielt (nach dem Kriege übte sie den Beruf eines Richters in Warschau aus). Unter den Verbindungsfrauen des Rates, die ständig Geld und gefälschte Dokumente von einem Ort zum andern brachten und ihre Reisen unter den Bedingungen brutalster Polizeikontrollen machten, befanden sich sowohl Polinnen als auch Jüdinnen (wie zum Beispiel eine der mutigsten: die von mir schon früher erwähnte Eva Wasowicz). Die Zusammenarbeit der Menschen verschiedener Abstammung und Weltanschauung (Polen und Juden, Sozialisten und Katholiken) war innerhalb des Hilfsrats für Juden sehr eng und gestaltete sich durchaus harmonisch. In diesen Fragen entschied nicht die politische Anschauung, sondern vor allem die ethische Haltung einer Person, wie jeder von uns, der an diesen Arbeiten unter

---

[4] Diesem Komitee gehörten an: die zionistischen Gruppen Poale Zion (rechter und linker Flügel) Hechaluz, Haschomer Hazair, Dror, Akiba und Gordonia.

den Bedingungen der Okkupation mitwirkte, oftmals festzustellen Gelegenheit hatte.

Dr. A. Berman, Jitzchak Cukierman und D. Kaftor stellten in einem Bericht, den sie auf den geheimen Kurierwegen der polnischen Untergrundbewegung im November 1943 an Dr. Schwarzbart in London sandten und der damals unter anderem auch durch meine Hände ging, folgendes fest: »Das Jüdische Nationalkomitee arbeitet mit im Hilfsrat für Juden bei der polnischen Regierungsdelegation, dessen Sekretär ein Vertreter des Jüdischen Nationalkomitees ist. Außerdem steht das Jüdische Nationalkomitee in ständigem Kontakt mit dem Referat für nationale Minderheiten (jüdische) in der Regierungsdelegation und mit dem Referat für jüdische Fragen beim Kommando der Streitkräfte in der Heimat (Heimatarmee). Mit den Vertretern der kämpfenden polnischen Untergrundbewegung verbinden das Jüdische Nationalkomitee enge und herzliche Beziehungen.«

Der Hilfsrat für Juden bemühte sich bei seiner Tätigkeit, sowohl die Juden, die auf der »arischen« Seite illegal lebten, als auch die im Jahre 1943 noch bestehenden Ghettos und Arbeitslager zu erreichen. Diese Aktion entwickelte sich allmählich, aber systematisch, und ungefähr nach einjährigem Bestehen des Rates konnte dieser mindestens 4000 Personen in Warschau allein – die Hilfeleistungen in Krakau, Lemberg und in den kleineren Städten nicht einbezogen – ständig betreuen. Jede im Hilfsrat vertretene Organisation übernahm die Betreuung einer bestimmten Anzahl von Personen: Durch die Zellen des Hilfsrates, die innerhalb der verschiedenen Organisationen der Widerstandsbewegung geschaffen worden waren, verteilte der Rat allmonatlich die Geldunterstützungen unter den Juden, die außerhalb der Ghettos lebten. Solche Zellen entstanden rasch auch bei verschiedenen Berufsgruppen, wie zum Beispiel bei Lehrern, Ärzten, Juristen und Journalisten, die einer bestimmten Zahl ihrer jüdischen Kollegen und deren Familien, die im Versteck lebten, Hilfe brachten. Der Hilfsrat organisierte in Warschau ein sogenanntes »Legalisierungsbüro«, in dem gefälschte Dokumente hergestellt wurden, um seine Schützlinge damit kostenlos zu versorgen. Dies bedeutete sowohl in bezug auf die Quantität als auch auf die Qualität der hergestellten Dokumente einen großen Fortschritt im Vergleich zu der Zeit vor Schaffung des Hilfsrates, als sich die Menschen die Dokumente privat beschaffen mußten. Die »Legalisierungstätigkeit« des Rates entwickelte sich so weit, daß in manchen Monaten einige Tausend verschiedenartiger Ausweise und Bescheinigungen ausgestellt wurden. Man gründete auch ein Wohnungsreferat, zu dessen Hauptaufgabe es gehörte, Quartiere für im Versteck lebende Personen zu beschaffen, eine Tätigkeit, die praktisch nie zu einem Ende kam, da die Not um so vieles größer war als die erreichbare Hilfe. Diesem Referat stand die noch aus der Vorkriegszeit bekannte soziale Kämpferin Architekt Ingenieur Emilia Hizowa vor. Bei diesen Gelegenheiten halfen wir alle, sowohl die Mitglieder des Hilfsrates als auch Personen, die mit dem Rat nur oberflächlichen Kontakt hatten. Aus eigener Erfahrung erinnere ich mich an die sich oftmals ergebende Notwendigkeit, versteckte Personen aus einer Wohnung in eine andere zu übersiedeln, weil die Häuser von der deutschen Kriminalpolizei oder von Personen beobachtet wurden, die im Verdacht standen, mit der Kriminalpolizei zusammenzuarbeiten.

Unter den Menschen, die der Rat betreute, befanden sich auch Greise, erkrankte Flüchtlinge aus den Gefängnissen und Lagern, schwangere Frauen und Kinder; es gab Fälle von plötzlichen Erkrankungen, wie zum Beispiel Bein-

oder Armbrüche oder infektiöse Krankheiten. Jede ärztliche Hilfeleistung an Juden wurde ebenfalls mit dem Tode bestraft. Wir organisierten im Rahmen des Rates ein Referat für ärztliche Hilfe, das von Dr. Ludwig Rostkowski, dem bekannten Augenarzt (nach dem Kriege Medizin-Dozent in Warschau) geleitet wurde. Gemeinsam mit einer Gruppe seiner Kollegen, vor allem Internisten, Kinderärzten und Chirurgen, schuf er ein Netz geheimer ärztlicher Hilfe. Die im Rahmen dieser Aktion arbeitenden Ärzte besuchten und behandelten die in Verstecken lebenden Patienten kostenlos und brachten sie, falls notwendig, in Spitälern unter.

Besonders schwierig war die Betreuung von Waisen und Kindern, die von ihren Eltern getrennt worden waren. Sowohl der Hilfsrat als auch die jüdischen Untergrundorganisationen schenkten dieser Frage besondere Beachtung. Die Kinder wurden individuell bei willigen polnischen Familien oder in Gruppen in den verschiedensten Heimen, Spitälern, Waisenhäusern und den noch vorhandenen städtischen oder karitativen Institutionen ähnlicher Art untergebracht. Eine große Rolle bei der Lösung dieser Frage spielten die katholischen Nonnenklöster, vor allem die Ursulinerinnen, Franziskanerinnen, Karmeliterinnen und Servitinnen. Tatkräftige Hilfe kam auch von den Angestellten der unter Selbstverwaltung stehenden polnischen sozialen Institutionen, die in zahlreichen Fällen schon vor dem Kriege der sozialistischen Bewegung nahestanden. Leiterin des Kinderschutzreferates innerhalb des Hilfsrates war eine erfahrene Angestellte der legalen städtischen Fürsorge, Irena Sendlerowa (nach dem Kriege Schuldirektorin in Warschau).

In den ersten Monaten seiner Tätigkeit standen dem Hilfsrat nur sehr bescheidene Mittel zur Durchführung von Hilfsaktionen zur Verfügung. Die ständige Dotierung der damaligen polnischen Exilregierung in London, die dem Hilfsrat durch ihre bevollmächtigte Untergrundvertretung überwiesen wurde, betrug Anfang 1943 250 000 Zloty im Monat, wurde später auf eine halbe Million Zloty und schließlich im Jahre 1944 auf eine Million Zloty hinaufgesetzt. Die Kaufkraft des Zlotys war jedoch während der Okkupation sehr niedrig. Das Durchschnittsgehalt eines polnischen Beamten betrug damals 300 bis 500 Zloty monatlich, was ein Hungerlohn war. Wenn man in Betracht zieht, daß die im Versteck lebenden Juden oft über keine Lebensmittelkarten verfügten und obendrein gezwungen waren, ihre Quartiere als Untermieter zu bezahlen, reichte die vom Hilfsrat gewährte Unterstützung zuerst in Höhe von 300 und später 500 Zloty im Monat bloß für ein kärgliches Dahinvegetieren. Die Erhaltung von Kindern und Kranken war noch kostspieliger. Überdies nahm der Rat mit den Lagern Poniatow, Trawniki, Plaszow, Lemberg-Janowska, Pustkow bei Debica und Skarzysko Kamienna Kontakt auf und fand Möglichkeiten (oft durch Vermittlung legal bestehender Fürsorgeeinrichtungen), zusätzlich Lebensmittel und in einzelnen Fällen Geldbeträge für die Lagerinsassen zu übermitteln. Es gab auch manchmal Möglichkeiten, einzelne Personen für Geldbeträge aus den Lagern loszukaufen, da die Korruption des Naziapparates in wachsendem Maße um sich griff. Diese Möglichkeit war aber selten, und sie wurde gewöhnlich genutzt, um Personen zu retten, die den jüdischen kulturellen oder wissenschaftlichen Kreisen bekannt waren. Solche Fälle erforderten jedesmal Beträge von einigen zehntausend Zloty. Wichtige organisatorische Aufgaben erfüllte dabei ein sogenanntes Provinzialreferat, das unter der Leitung des bekannten Sozialisten der Woiwodschaft Lublin, Stefan Sendlak, stand.

»Wir sind nur noch eine Handvoll von Kämpfern, die am Leben geblieben ist und die sich die Aufgabe gestellt hat, trotz der stetig wachsenden Gefahren und Schwierigkeiten für den Rest der am Leben gebliebenen jüdischen Bevölkerung soziale Dienste zu leisten« – schrieben im November 1943 in dem bereits erwähnten, für Dr. Schwarzbart in London bestimmten Bericht die Vertreter der zionistischen Organisationen in Warschau. »Wir sind entschlossen, diese Aufgabe allen Schwierigkeiten und Hindernissen zum Trotz bis zum letzten Ende zu erfüllen.«

Die erwähnten »Schwierigkeiten und Hindernisse« wären ohne größere finanzielle Mittel selbst bei der größten persönlichen Opferbereitschaft der an der Hilfsaktion mitwirkenden Juden und Polen nicht zu überwinden gewesen. Die Beiträge, die das durch die Okkupation ausgeplünderte polnische Volk für diesen Zweck hätte opfern können, wären viel zu gering gewesen. Die von der polnischen Regierung aus London überwiesenen Beträge reichten nicht aus. Deshalb war die finanzielle Hilfe der jüdischen Weltorganisationen für die Rettungsaktion von größter Bedeutung, ja man könnte sagen, daß diese vom Jahre 1943 an eine Wende herbeiführte. Die von diesen Organisationen stammenden Beträge wurden durch die Vermittlung der polnischen Regierung in London in das besetzte Polen überwiesen. Seit den ersten Monaten der Okkupation, noch vor der Schließung der Ghettos und vor dem Beginn der Massenvernichtungsaktionen, erhielten Tausende von jüdischen Familien in Polen individuelle »Joint«-Hilfe in Form von Lebensmittel- und Kleiderpaketen und Geldunterstützungen aus den neutralen Ländern. Während der Zeit, in der das gesamte jüdische soziale Leben in die Illegalität gezwungen war, fiel der Untergrundbewegung die Aufgabe zu, die jüdischen Beihilfen aus den

Ländern der freien Welt zu empfangen und zu verwenden.

Ich verfüge heute nicht über die Unterlagen, die etwas über die Höhe der Beträge aussagen könnten, die vom »Joint«, vom jüdischen Weltkongreß und anderen zionistischen Organisationen sowie vom »Bund« in den USA und in Großbritannien zur Hilfe für die polnischen Juden aufgebracht wurden. Aus den teilweise erhaltenen Abschriften der Berichte und Dokumente aus jenen Jahren geht hervor, daß zum Beispiel in der Zeit vom Juni 1943 bis Ende 1943 die zionistischen Organisationen mindestens 96 000 Dollar aus dem Ausland erhielten. Für einen früheren Zeitraum (der ersten Hälfte des Jahres 1943) ist mir ein Betrag von etwa 5 000 Dollar bekannt.

Der »Bund« erhielt in der zweiten Hälfte des Jahres 1942 ungefähr 10 000 Dollar und im Jahre 1943 mindestens 48 000 Dollar. Man muß sich vergegenwärtigen, daß diese Fonds ausschließlich für Verteidigungszwecke (Ankauf von Waffen) und Hilfeleistungen an Menschen ohne jedwede Belastung für Verwaltung usw. verwendet wurden.

Von jeder Geldsendung aus dem Ausland überwiesen die jüdischen Organisationen einen Teil an den Hilfsrat für Juden zur Verteilung unter seine Schützlinge, der andere Teil wurde von ihnen selbst auf eigenem Wege weitergeleitet.

»Wir möchten im Namen unserer sämtlichen Organisationen für die Gewährung dieser Mittel unseren tiefempfundenen Dank aussprechen. Sie werden es uns ermöglichen, den Bereich der Hilfs- und Rettungsaktion zu erweitern. Leider kam für viele unserer Brüder diese Hilfe zu spät. Wir hoffen jedoch, daß es uns mit Hilfe dieser Fonds gelingen wird, viele wertvolle Menschen dem Tod zu entreißen und das schwere Los von

Tausenden zu erleichtern«, schrieben im November 1943 A. Berman, J. Cukierman und D. Kaftor an Dr. Schwarzbart im Namen sämtlicher zionistischen Untergrundorganisationen in Polen.

Der Zustrom von Beihilfen aus den jüdischen Organisationen des Auslandes wirkte sich sichtbar auf die Qualität der geleisteten Hilfe aus. Vor allem konnten wir einer größeren Zahl von Menschen hilfreich zur Seite stehen (in der Zwischenzeit erschöpften sich die persönlichen Mittel von vielen im Versteck lebenden Juden, die zu Beginn der Okkupation diese Hilfe nicht benötigten). Außerdem wurde uns die Möglichkeit gegeben, die versteckten Kinder besser zu versorgen. Schließlich – und dies war von größter Bedeutung – brachte das Jahr 1943 eine bedeutende gebietsmäßige Erweiterung des Tätigkeitsbereiches des Hilfsrates und – gleichlaufend – die Erweiterung des direkten Kontaktes der jüdischen Organisationen mit jenen Menschen, die in den verschiedenen Teilen des besetzten Polens auf die Hilfe des Rates warteten.

Im März 1943 entstand die Zweigstelle des Hilfsrates in Krakau. Der Krakauer Rat wurde vornehmlich von Sozialisten und Mitgliedern der Bauernpartei geleitet. An seiner Spitze stand der Jurist Stanisław Dobrowolski aus der Sozialistischen Partei Polens (nach dem Krieg im diplomatischen Dienst der Polnischen Volksrepublik tätig, u. a. Botschafter in Dänemark und in Griechenland). Eine wichtige Funktion im Arbeitspensum des Rates erfüllte Dr. phil. Tadeusz Seweryn (nach dem Krieg Professor für Ethnographie der Jagellonen-Universität und Direktor des Ethnographischen Museums in Krakau). Sehr aktiv und durch ihren Mut bekannt war die Vertreterin der jüdischen Gemeinschaft im Krakauer Hilfsrat Maria Hochberg-Marianska (nach dem Krieg freie Journalistin und Mitarbeiterin der Zweigstelle Yad Vashems in Tel Aviv; jetzt Miriam Peleg).

Noch vor der Gründung des Hilfsrates in Krakau organisierte dort eine Gruppe von Sozialisten (unter ihnen befanden sich Jozef Cyrankiewicz, Zygmunt Klopotowski und Adam Rysiewicz) die systematische Hilfe für jüdische Sozialisten. Auch der katholische Klerus und einige Klöster beteiligten sich an der Hilfsaktion mit Zustimmung von Erzbischof Adam Sapieha. Nach der Konstituierung des Hilfsrates in Krakau konnte dessen Tätigkeit in erweitertem Ausmaß durchgeführt werden. Dem Hilfsrat gelang es, mit Unterstützung aus Warschau und Zuwendungen aus den Fonds der jüdischen Organisationen des Auslandes mit beträchtlichem Erfolg die Verbindung zu einigen Arbeitslagern herzustellen und auf diese Weise mit Geld und Lebensmitteln zu helfen. Diese Hilfe erhielten unter anderem die Gefangenen des Lagers Plaszow und jene Inhaftierten, die bei deutschen Firmen in der Stadt beschäftigt waren. Mit Unterstützung der Mitarbeiter des Hilfsrates gelang es, einige Flüchtlinge aus den Lagern nach Krakau zu bringen und sie dort zu betreuen. Hier muß der bekannte Schriftsteller Michał Borwicz erwähnt werden, dem es gelang, aus dem Lager Lemberg-Janowska zu entfliehen (gegenwärtig arbeitet er auf wissenschaftlichem und literarischem Gebiet in Paris). Verschiedene Rettungswege wurden beschritten: die sozialistischen Kämpfer Adam Rysiewicz und Marian Bomba, die mit dem Krakauer Hilfsrat in Verbindung standen, brachten im Jahre 1943 etwa fünfzig Personen aus Polen über die slowakische Grenze nach Ungarn, wo die Lebensbedingungen damals viel besser als im besetzten Polen waren. Durch die guten Beziehungen des Hilfsrates zu den Bauern des Woiwodschaft Krakaus gelang es, dort auf dem Lande mehr gefährdete Personen unterzubringen, als dies in anderen Woiwodschaften möglich war.

Im Jahre 1943 rief eine aus demokratischen und sozialistischen Kreisen wie auch aus der Organisation »Heimatarmee« kommende Lemberger Gruppe der polnischen Intelligenz, die seit 1941 bei Hilfsaktionen für Juden in Lemberg tätig war, eine Zweigstelle der Warschauer Zentrale des Hilfsrates ins Leben. Besonders große Verdienste erwarb sich hier Władysława Chomsowa, die mit ganzem Herzen der Sache der Rettung der Verfolgten ergeben war. Ihren aufopferungsvollen Taten widmete Kurt Grossmann ein Kapitel seines schönen Buches »Die unbesungenen Helden« unter dem vielsagenden Titel »Der Engel von Lemberg«. Chomsowa gehört zu jener Gruppe von Polen, die in Israel mit dem Titel »Chassidej Umoth Haolam« (»die Gerechten unter den Völkern der Welt«) ausgezeichnet wurden. Im Jahre 1963 pflanzte sie einen der jungen Bäume auf dem Berg des Gedenkens in Jerusalem. Es ist jedoch nicht nur die von den jüdischen Organisationen des Auslandes den Juden Polens während der Okkupationszeit dargebotene finanzielle Hilfe allein der Erinnerung wert. Es darf auch die ungeheuer große moralische und ideologische Bedeutung nicht vergessen werden, die die Aufrechterhaltung von Kontakten mit der freien Welt für jene Menschen bedeutete, die auf verlorenem Posten den Untergrundkampf gegen die Nazibarbarei führten.

Nach der großen Vernichtungsaktion im Warschauer Ghetto im Sommer 1942 blieben außerhalb der Ghettomauern laut offizieller Nazistatistik annähernd 35 000 Menschen, die in Fabriken und Werkstätten der Firmen W. C. Toebbens, Schultz, Bernhard Hallmann und anderen zwangsweise beschäftigt waren. Männer, Frauen und Kinder wurden von diesen Unternehmen unter den härtesten Bedingungen durch Sklaverei erbarmungslos ausgebeutet. Ungefähr ebenso viele Menschen, die von den Deutschen als unproduktiv erklärt worden waren, lebten illegal im Ghetto. Von den einigen hundert Personen, die bereits im Sommer 1942 von Untergrundorganisationen des Ghettos organisatorisch erfaßt worden waren, blieben nur wenige in Warschau. Die »Aussiedlung« in die Gaskammern von Treblinka hatte die Lahmlegung der in ihren Anfängen steckenden konspirativen Bewegung des Ghettos zur Folge. Da vor allem nur junge, arbeitsfähige Menschen überlebten, ergab sich im Herbst 1942 eine neue Situation, die zur Schaffung einer einheitlichen jüdischen Kampforganisation führte. In ihrem im Dezember 1942 beschlossenen Statut setzte diese Organisation die Hauptziele ihrer Tätigkeit fest:

1. Widerstand mit Gewaltanwendung im Falle neuer »Aussiedlungsaktionen« von Seiten der Deutschen (unter der Losung: »Wir geben keinen einzigen Juden heraus«),
2. Durchführung terroristischer Aktionen gegen Verräter, die mit den Deutschen zum Nachteil der jüdischen Bevölkerung kollaborieren.

Identische Ziele stellte sich eine zweite im Ghetto unter dem Namen »Jüdische Militärvereinigung« wirkende Organisation, die von den Zionisten-Revisionisten, Vorkriegsmitgliedern der Organisation »Betar«, geschaffen worden war.

Einer der ersten Aufrufe der Jüdischen Kampforganisation, die im Ghetto verbreitet wurden und die ich im Dezember 1942 durch Vermittlung Adolf Bermans zum erstenmal zu Gesicht bekam, warnte kategorisch, irgendwelchen Erklärungen oder Zusicherungen der Nazis Glauben zu schenken:

»Die Ungewißheit des Morgen vergiftet jeden Augenblick des bitteren Lebens der Gefangenen im jüdischen Zentrum in Warschau. Jeder Tag bringt neue Nachrichten, Gerüchte, neuen Klatsch und neue Termine, die vom Schicksal des Ghettos handeln. Man ›gibt‹ uns zwei, drei Wochen, drei, vier Monate Leben. Die gereizten Nerven werden zwischen Hoffnung und Verzweiflung hin- und hergerissen.

Hat uns die schreckliche Erfahrung nichts gelehrt? Lassen wir uns noch von einem guten Wort des einen oder anderen Nazimörders, von diesem oder jenem von den jüdischen Gestapoleuten, von käuflichen Seelen und Verrätern oder durch ein von Leichtgläubigen verbreitetes Gerücht täuschen? Es unterliegt keinem Zweifel, daß es sich der Nazismus zum Ziel gesetzt hat, alle Juden auszurotten. Seine Taktik beruht auf Betrug und Heuchelei. Er durchschneidet einem Opfer die Kehle und wirft dem nächsten Opfer das Los zu, bevor er es zur Schlachtbank führt. Sehen wir der Wahrheit offen und mutig in die Augen! (...)

Juden! Bürger des Warschauer Ghettos, seid wachsam! Glaubt keinem Wort, keinen Winkelzügen der SS-Banditen! Die tödliche Gefahr lauert weiterhin!

Geben wir uns keinen Illusionen hin! (...)

Die Deutschen haben erneut Helfer und Diener unter der jüdischen Bevölkerung gefunden. Schenkt den jüdischen Verrätern, den Leitern der Werkstätten, den Meistern keinen Glauben! Das sind eure Feinde! Laßt euch nicht von ihnen betrügen!

Redet euch nicht ein und laßt euch nicht einreden, daß die besseren Fachleute, die älteren Arbeiter, die eine Nummer haben, sicher sind und daß deshalb die Schwächeren, Wehrlosen preisgegeben werden müssen!

Alle sind bedroht!

Niemand lasse es sich einfallen, aktiv oder passiv mitzuhelfen, Kameraden, Nachbarn oder Mitarbeiter in die Hände des Henkers zu liefern. Wir wollen angesichts des Untergangs kein Haufen Dreck, kein Gewürm sein!

Helft euch gegenseitig!
Die nichtswürdigen Verräter, die dem Feind helfen,
müssen wir aus unserer Gemeinschaft entfernen!
Laßt euch nicht vernichten!
Bereitet euch auf die Verteidigung des eigenen Lebens
vor! Denkt daran, daß auch wir – die jüdische Zivilbevölkerung – an der Front des Kampfes für Freiheit und
Menschlichkeit stehen!
Der Feind ist bereits teilweise hinfällig. Verteidigen wir
mit Mut und Würde unsere Ehre! Es lebe die Freiheit!«
Eine identische Haltung nahm die Jüdische Militärver-
einigung ein, die zweitgrößte Organisation im War-
schauer Ghetto, geschaffen von politisch rechtsstehen-
den Gruppierungen. In einem Appell vom Januar 1943
ruft sie »zum rücksichtslosen Kampf gegen den Okku-
panten bis zum letzten Blutstropfen« auf.
Diese Aufrufe brachten die unter den Warschauer
Juden wachsende Stimmung treffend zum Ausdruck.
Den Aufrufen folgten die Taten. Ende 1942 und
Anfang 1943 vollstreckten im Ghetto die beiden
Kampforganisationen Todesurteile an Verrätern und
Mitarbeitern der Gestapo; auf diese Weise starben
mehr als sechzig besonders schädliche Denunzianten
und Provokateure.
Uns, einer Gruppe von Menschen aus der polnischen
Untergrundbewegung, die auf der »arischen« Seite mit
den Vertretern der jüdischen Widerstandsbewegung
ständig in Berührung stand, schienen die zutiefst ideellen
Beweggründe der Tätigkeit und Ziele der jüdischen
Organisation überaus charakteristisch. Im Winter 1942/
1943 machten wir in einer Versammlung des Hilfsrates
für Juden den Vertretern der Untergrundbewegung
einen Vorschlag zur teilweisen Rettung des Ghettos. Wir
boten an, auf der »arischen« Seite unter der polnischen
Bevölkerung Verstecke für die noch am Leben verblie-

benen in kultureller, intellektueller und sozialer Hinsicht
»wichtigen« Menschen und für die Kinder ausfindig zu
machen. Die Jüdische Kampforganisation und die mit
ihr verbundenen politischen Kräfte der Untergrundbewegung des Ghettos setzten sich mit diesem Vorschlag
auseinander und gaben eine negative Antwort, wobei sie
den Standpunkt vertraten, daß sämtliche erwachsenen
Bewohner des Ghettos an der Selbstverteidigung und
am Kampf teilnehmen sollten.

Sie beschlossen, daß nur Kinder und jene Einzelpersonen, die mit Rücksicht auf ihr Alter oder auf ihren
Gesundheitszustand bei der Organisierung des Ghettos
von keinem Nutzen sein würden, gerettet werden sollten. Diese Haltung unserer Freunde von jenseits der
Mauer erweckte in uns die größte Hochachtung, wenngleich gegen sie sicherlich Einwände erhoben werden
konnten. In eben diesem Zusammenhang hielt ich es
mehrmals für geboten, sowohl während des Krieges als
auch nach dessen Ende, Menschen, die das Problem des
Aufstandes des Warschauer Ghettos nicht näher kann-
ten, darauf aufmerksam zu machen, daß man diesen
monatelang systematisch vorbereiteten Kampf nicht als
einen Akt der Verzweiflung betrachten konnte, der in
Ermangelung eines anderen Ausweges gewählt wurde.
Im Gegenteil: die wichtigsten Organisatoren und Führer
des Ghettoaufstandes waren Menschen, die jede Möglichkeit hatten, ihr eigenes Leben zu retten, die über
sichere Kontakte mit der polnischen Untergrundbewegung verfügten und die besten Aussichten hatten, unter
der polnischen Bevölkerung den Krieg zu überleben.
Die Führer der damaligen jüdischen Widerstandsbewegung in Warschau faßten den Entschluß zum bewaffneten Kampf vor allem aus ideellen Gründen und berei-
teten ihre Schicksalsgenossen in moralischer Hinsicht
darauf vor.

Anfang April 1943 sandten die Organisationen Hechaluz und Haschomer durch unsere Vermittlung ein Radiogramm folgenden Inhalts nach Tel Aviv (zu Händen Tabenkins und Jaaris, der Führer der Chaluz- und Schomer-Bewegung in Palästina): »Die am Leben gebliebenen Anhänger kämpfen um die Ehre des überlebenden Judentums in Polen.« Anielewicz selbst, der vierundzwanzigjährige Befehlshaber der Jüdischen Kampforganisation, appellierte damals an die Juden Warschaus: »Große Scharen von uns, Tausende, mögen sich in Bereitschaft halten. Wir werden uns zu einer Armee verbinden. Gleichgültig, wer du bist und wie du denkst – wenn du eine stolze Seele und ein Herz hast, das nicht vom schmutzigen Gift der Straße verdorben wurde, komm zu uns! Stelle dich Schulter an Schulter mit uns im Kampf um das Leben dieser hoffnungslosen, zum Tode verurteilten Massen.«

Anfang Januar 1943 verbreitete sich in Warschau die Nachricht von der Ankunft Himmlers. Aufgrund der traurigen Erfahrungen der vorangegangenen Jahre wußten wir, daß dieser Besuch nichts Gutes bedeuten konnte. Und tatsächlich war es so: Mitte Januar, an einem frostigen Sonntag, führten Formationen der SS und der Polizei auf der »arischen« Seite riesige Razzien in einem bisher noch nicht gekannten Ausmaß durch. Man zerrte die Menschen aus Wohnungen und Straßenbahnwagen heraus, man griff sie vor den Kirchen auf. Tausende Polen fielen dieser Aktion zum Opfer, von denen einige sofort, ohne irgendein Verhör oder eine Untersuchung, in das Konzentrationslager Majdanek bei Lublin und der Rest zur Zwangsarbeit in das Reich gebracht wurden.

Schon am 18. Januar 1943, nahezu gleichzeitig mit dieser terroristischen Aktion, begannen die Nazis mit einer erneuten »Aussiedlung« aus dem Ghetto. Diesmal mel-

deten sich nur wenige Menschen auf dem Umschlagplatz. An einigen Stellen des Ghettos entbrannte ein
erbitterter Kampf; Mitgliedergruppen der Jüdischen
Kampforganisation schlossen sich in einigen Fällen freiwillig den Kolonnen der Menschen an, die zum
Umschlagplatz geführt wurden, um im gegebenen
Augenblick bewaffneten Widerstand zu leisten. Die
Menge der Waffen, die den Jugendlichen der Jüdischen
Kampforganisation zur Verfügung standen, war
damals nicht groß. Die Pistolen, die Arie Wilner von
der polnischen Militärorganisation »Heimatarmee«
bekommen hatte, wurden jedoch bereits verwendet.
Der von den Kämpfern geleistete Widerstand kam für
die Schergen der Gestapo und Polizei völlig überra-
schend.

Eines der polnischen Untergrundblätter, »Der Tag«
(»Dzien«), berichtete Ende Januar 1943 in einem Artikel
unter dem Titel »Wie sich das Warschauer Ghetto
verteidigte« folgendes: »Fünfzehn bis zwanzig Minuten
lang war die Straße in den Händen der jüdischen Kämpfer. Erst große Verstärkungen der Gendarmerie ermög-
lichten es den Deutschen, die Lage zu beherrschen. Die
bewaffnete Aktion hinterließ im ganzen Ghetto einen
überaus starken Eindruck; die ganze jüdische Gemeinschaft nahm sie geradezu enthusiastisch auf. Die alten
Juden segneten die Kämpfer. Die Leichen der Gefallenen
auf den Straßen wurden geküßt.«

»Die auf Widerstand stoßende deutsche Polizei antwortete mit Schüssen und Granaten, wobei Hunderte
Personen getötet wurden, sie fürchtete sich jedoch, die
verteidigten Häuser zu betreten«, notierte das Organ
der Heimatarmee »Biuletyn Informacyjny« (Nr. 4,
vom 28. Januar 1943) unter dem frischen Eindruck des
Ereignisses im Ghetto. »Die organisierten Widerstands-
punkte wehrten sich Montag und Dienstag. Sie

wichen erst vor zwei am Mittwoch herangezogenen
SS-Kompanien, die in Kampfbereitschaft mit Maschi-
nengewehren, Granatwerfern und Sanitätswagen in das
Ghetto eingerückt waren. Es begann ein Blutbad unter
der Bevölkerung, die – angeregt durch die Vorfälle der
vergangenen Tage – unter Zuhilfenahme der primitiv-
sten Mittel, wie Eisenstäben, Stangen und Steinen aktiven Widerstand leisteten. Dieser Widerstand wurde
von den SS-Abteilungen blutig unterdrückt. Die deutschen Verluste betrugen zehn getötete Polizisten und
SS-Männer und ebenso viele jüdische Polizisten. Die
deutsche Aktion wurde am Donnerstag abgebrochen.
Das Ghetto erwartet jeden Moment ihre Wiederauf-
nahme.«
Von den fünfzig bereits im Januar 1943 bestehenden
Gruppen der Jüdischen Kampforganisation blieben
nach vier Tagen Kampf nur fünf übrig. Der Rest fiel
oder wurde gefangengenommen und verschleppt. Zum
ersten Male gab es jedoch auch Verluste auf der Nazi-
seite. Und zum ersten Mal wurden die Deutschen
gezwungen, weitere Aktionen aufzugeben: Vom
Widerstand überrascht, begnügten sie sich mit der
Deportierung von 6500 Personen und zogen sich daraufhin aus dem Ghetto zurück.
Der Ghettowiderstand des Januar 1943, über den die
polnische Untergrundpresse voll Anerkennung berichtete, hatte eine ungeheure moralische und materielle
Auswirkung auf die weitere Entwicklung der Situation;
eine moralische, weil er zum Gradmesser der wahren
Stimmung der Einwohner des jüdischen Viertels wurde
und einen Ansporn zur Nachahmung für jene darstellte,
die sich bisher der Kampforganisation nicht ange-
schlossen hatten; eine materielle, weil die polnische
Heimatarmee daraufhin eine Anzahl von Pistolen,
Handgranaten und eine größere Menge Sprengstoff

dem Ghetto mit der begründeten Überzeugung über-
ließ, daß die unter den Bedingungen der Okkupation so
unschätzbaren Waffen dort richtige Verwendung
fänden.

Bereits vor den Januarkämpfen 1943 übermittelte Adolf
Berman dem Jüdischen Referat der Vertretung der
polnischen Regierung den Text eines Radiogramms,
das gemeinsam an den Amerikanischen Jüdischen Kon-
greß, den Jüdischen Weltkongreß und an den »Joint«
gerichtet war und das wir nach London weiterleiteten.
In diesem Telegramm gab das Jüdische Nationalkomitee, das sämtliche zionistischen Organisationen in Polen
vertrat, Informationen über die bisherigen Resultate der
Vernichtungsaktion der Nazis und stellte eine Reihe
von Forderungen. An erster Stelle standen Vergel-
tungsmaßnahmen gegen die Deutschen und die
Erzwingung der Einstellung von Massenermordungen,
weiter die Rettung von 10 000 Kindern auf dem Wege
des Austausches und schließlich 500 000 Dollar für
Zwecke der Selbstverteidigung und für Hilfsmaßnah-
men. Anfang Februar 1943 leiteten wir zur Übermittlung durch den Rundfunk ein Telegramm des Zentralkomitees des »Bund« weiter, das an Szmul Zygielbojm,
den Vorsitzenden des »Bund« in London, gerichtet und
von Feiner und Orzech unterzeichnet war. In diesem
Telegramm wurde über den bewaffneten Widerstand
des Ghettos berichtet und die Forderung erhoben:
»Alarmiert die ganze Welt. Erwirkt eine offizielle Intervention des Papstes, wendet euch an die Alliierten, sie
mögen die deutschen Kriegsgefangenen als Geiseln
betrachten.« Wie die Zukunft zeigte, erwiesen sich alle
diese Forderungen, außer der nach finanzieller Hilfe,
leider als undurchführbar.

Zweifellos unter dem Eindruck der starken Erschütte-
rung, die die Niederlage von Stalingrad bei den Deut-

schen auslöste, hegten sowohl die jüdischen Kämpfer und die Verfasser dieser Telegramme als auch wir, die wir deren erste Leser und Übermittler an die freie Welt waren, zu jener Zeit, Anfang 1943, noch gewisse Hoffnungen und gaben uns der Täuschung hin, daß eventuelle internationale Interventionen wenigstens teilweise einen Erfolg haben könnten.

Mittlerweile brachte das Leben nahezu täglich neue wichtige Ereignisse. Seit Januar 1943 verstärkte sich der Widerstand des Warschauer Ghettos unablässig und deutlich sichtbar, was auf verschiedene Weise zum Ausdruck kam. Als im Februar und März 1943 Walter Toebbens, der Hauptbevollmächtigte der Nazis für Fragen der Beschäftigung und der Umsiedlungsaktionen im Ghetto, eine Anzahl von Männern, die in dem sogenannten »Schuppen« beschäftigt waren, zur freiwilligen Abreise aus Warschau nach einem unbekannten Bestimmungsort zu veranlassen suchte, erhielt er die gebührende Antwort: In der Nacht vom 18. auf den 19. Februar breitete sich über dem Ghetto ein Feuerschein aus; die jüdischen Kämpfer hatten ein großes Lager von Möbeln in Brand gesteckt, die für den Versand ins Reich bereitgestellt waren und einen Wert von einigen Millionen Zloty darstellten. Am 6. März 1943 erfolgte der zweite Sabotageakt: Riesige SS-Lager in der Nalewkistraße gingen in Flammen auf. Auf den Straßen des Ghettos fielen SS-Männer und Nazipolizisten. Die Macht im Ghetto entglitt nahezu völlig den Händen der offiziellen Verwaltungsorgane der Naziokkupation, und die Autorität der Untergrundorganisation nahm an Bedeutung zu. Dieser Tatsache konnten sich auch die Nazischergen nicht verschließen: Es kam dazu, daß Toebbens es für notwendig hielt, einen Aufruf zu veröffentlichen, in dem er sich mit den Thesen der Jüdischen Kampforganisation auseinandersetzte! Die Zeit, in welcher die Warschauer Juden den deutschen Aufrufen und Verordnungen Gehör schenkten, war jedoch vorüber. Im Ghetto arbeitete man fieberhaft im Verborgenen am Bau von Bunkern und unterirdischen Befestigungen. Auf verschiedenen Wegen erreichten uns unausgesetzt vertrauliche Mitteilungen über die deutschen Vorbereitungen zur endgültigen Vernichtung des Warschauer Ghettos, obwohl uns der Geheimbefehl Himmlers vom 16. Februar 1943, der das Schicksal der noch am Leben gebliebenen Juden und dieses Stadtteils besiegelte, selbstverständlich verborgen blieb.[5]

Anfang Februar standen inzwischen dem Kommando der Jüdischen Kampforganisation im Warschauer Ghetto 22 zum Kampf bereite Gruppen (unterschiedlicher Stärke, mindestens einige, höchstens einige zehn Personen) zur Verfügung, einschließlich einiger hundert Menschen, die zu allem entschlossen waren. 18 Gruppen stellten die Organisationen, die im ZKN zusammengeschlossen waren, darunter 14 zionistisch-sozialistische und 4 kommunistische Gruppen, 4 Gruppen bestanden aus Mitgliedern des »Bundes«.

»9 Gruppen wurden im Zentralghetto konzentriert, 8 in der Zone der Werkstätten von Toebbens und Schultz, 5 im Ghetto des Bürstenmachershop. Damals erhielten wir einen großen Waffentransport von den polnischen Militärbehörden« lesen wir in einem Bericht der Kommandantur der Jüdischen Kampforganisation über den Auf-

---

[5] In diesem an Krüger, den Oberkommandierenden der SS und der Polizei im Generalgouvernement gerichteten und nach dem Krieg bekanntgewordenen Befehl, gab Himmler folgende Weisung: »...Für die Niederlegung des Ghettos ist ein Gesamtplan vorzulegen. Auf jeden Fall muß erreicht werden, daß der für 500 000 Untermenschen bisher vorhandene Wohnraum, der für Deutsche niemals geeignet ist, von der Bildfläche verschwindet und die Millionenstadt Warschau, die immer gefährlicher der Herd der Zersetzung und des Aufstandes ist, verkleinert wird.«

stand im Warschauer Ghetto, der 1943 angefertigt, vom polnischen Untergrund nach Großbritannien übermittelt und bereits in den Kriegsjahren in der ausländischen Presse veröffentlicht worden ist. Mit dem erwähnten Waffentransport ist mit Sicherheit die Lieferung an die Jüdische Kampforganisation aus den Magazinen des Warschauer Bezirkes der AK im Winter 1942/1943 und im ersten Quartal 1943 gemeint. Geliefert wurden 70 Pistolen mit zwei Magazinen und Munition, 500 Granaten, Sprengstoffe mit großer Sprengkraft, einschließlich Lunten und Zündhütchen, Material zur Herstellung von Zündflaschen und Handgranaten, und in einem zweiten Schub: 1 Maschinengewehr, 1 Maschinenpistole, 20 Pistolen mit Magazinen und Munition, 100 Handgranaten, Diversionsmaterial wie Zeitbomben und Zeitzünder (in größerer Menge). Die Abgeordneten des Ghettos führten darüber hinaus einige Monate lang eine regelrechte Einkaufsaktion für Waffen und Munition bei allen nur möglichen zugänglichen Quellen durch. Von beachtlicher Bedeutung war die geheime Produktion von Granaten und Zündflaschen im Warschauer Ghetto selbst durch Ing. Michał Klepfisz vom »Bund«.[6]

Nicht einmal in unseren kühnsten Vorstellungen waren wir uns in Warschau zu Beginn des Jahres 1943 darüber klar, daß wir bald Zeugen der heldenhaftesten und erschütterndsten Tat in der bisherigen Geschichte der Kämpfe gegen die Okkupationsmacht in Polen werden sollten: des bewaffneten Aprilaufstandes des Warschauer Ghettos.

Am 13. März fielen in den Straßen des Warschauer

---

[6] Er fiel am zweiten Tag des Ghettoaufstandes während eines schweren Kampfes gegen die Abteilungen der SS und der Nazipolizei. Das Oberkommando der polnischen Streitkräfte in London verlieh ihm posthum die höchste polnische Kampfauszeichnung, das Verdienstkreuz Virtuti Militari.

Ghettos wieder Schüsse. Eine der jüdischen Kampf-
gruppen leistete Polizisten und plündernden deutschen
Werkschutzmännern bewaffneten Widerstand. Als Ver-
geltungsmaßnahme metzelte die SS einige Dutzend
Menschen auf den Straßen nieder. Das Kommando der
Jüdischen Kampforganisation im Ghetto plakatierte in
der Nacht vom 14. auf den 15. März Aufrufe, die die
Bevölkerung von einer geplanten neuen »Aktion« in
Kenntnis setzten.

Alsbald erfuhren wir, daß am 13. März das tragische
Schicksal der jüdischen Gemeinschaft in Krakau besie-
gelt wurde. Nach den im Juni und Oktober 1942 durchgeführten »Aussiedlungen« in die Vernichtungslager
blieben in dem dortigen Ghetto noch etwa 10 000 Menschen am Leben. Jetzt wurde ein Teil von ihnen – die für
arbeitsfähig Erklärten – auf der Stelle ermordet oder in
den Tod, nach Auschwitz verschickt; ein Teil wurde in
das Lager Plaszow bei Krakau gebracht, wo sie zu
todbringender Sklavenarbeit eingesetzt wurden. Nur
vereinzelte am Leben gebliebene Menschen konnten
gerettet werden und fanden mit Hilfe ihrer polnischen
Freunde oder durch die Aufnahme von Verbindungen
zum Krakauer Hilfsrat für Juden bei Polen in Krakau
und Umgebung Schutz und Zuflucht. Von bekannten
Persönlichkeiten gelang es unter anderen Dr. Julian
Aleksandrowicz, einem hervorragenden Hämatologen,
an dem kritischen Märztag aus dem Krakauer Ghetto zu
entfliehen. Später nahm er als Mitglied der Heimatarmee
an dem Kampf gegen die Deutschen teil. (Gegenwärtig
ist er ein Gelehrter von europäischem Ruf, emeritierter
Professor der Klinik für Innere Medizin an der Medizi-
nischen Akademie in Krakau.)

Die alarmierenden Nachrichten aus Krakau verstärkten
unsere Erregung in Warschau. Wir waren uns nach den
Erfahrungen der vorangegangenen Jahre dessen völlig

BEKANNTMACHUNG

Betr.: Todesstrafe für Unterstützung von Juden, die die jüdischen Wohnbezirke unbefugt verlassen haben.

In der letzten Zeit haben sich zahlreiche Juden aus den ihnen zugewiesenen jüdischen Wohnbezirken unbefugt entfernt. Sie halten sich z. Zt. noch im Distrikt Warschau auf.

Ich weise darauf hin, dass durch die Dritte Verordnung des Generalgouverneurs über Aufenthaltsbeschränkung im Generalgouvernement vom 15.10.1941 (VBl. GG. S. 595) nicht nur die Juden, die in dieser Weise unbefugt den ihnen zugewiesenen Wohnbezirk verlassen haben, mit dem Tode bestraft werden, sondern dass die gleiche Strafe jeden trifft, der solchen Juden wissentlich Unterschlupf gewährt. Dazu gehört nicht nur die Gewährung von Nachtlager und Verpflegung, sondern auch jede anderweitige Unterstützung, z. B. durch Mitnahme in Fahrzeugen aller Art, durch Ankauf jüdischer Sachwerte usw.

Ich richte hiermit an die Bevölkerung des Distrikts Warschau die Aufforderung, jeden Juden, der sich unbefugt ausserhalb eines jüdischen Wohnbezirks aufhält, sofort dem nächsten Polizeirevier oder Gendarmerieposten zu melden.

Wer einem Juden Unterstützung hat zuteil werden lassen oder z. Zt. noch zuteil werden lässt, hiervon aber bis zum 9.9.42 16 Uhr, der nächsten polizeilichen Dienststelle Mitteilung macht, wird **STRAFRECHTLICH NICHT VERFOLGT WERDEN.**

In der gleichen Weise wird gegen denjenigen von einer Strafverfolgung Abstand genommen, der die von einem Juden erworbenen Sachwerte bis zum 9.9.42. 16 Uhr. in Warschau, Niskastr. 20. abliefert oder bei dem nächsten Polizeirevier bzw. Gendarmerieposten Meldung erstattet.

Warschau, den 5. September 1942.

**Der ⟨SS⟩- und Polizeiführer
im Distrikt Warschau.**

Jeder, der einem Juden hilft, wird mit Todesstrafe bedroht.

REPUBLIC OF POLAND

Ministry of Foreign Affairs

THE MASS EXTERMINATION of JEWS in GERMAN OCCUPIED POLAND

NOTE

addressed to the Governments of the United Nations on December 10th, 1942, and other documents

Published on behalf of the Polish Ministry of Foreign Affairs by

HUTCHINSON & CO. (Publishers) LTD.

LONDON : NEW YORK : MELBOURNE

Price: Threepence Net.

Mit einer Note an die Regierungen der in den Vereinten Nationen vertretenen Staaten über »Die Massenausrottung der Juden in dem von den Deutschen besetzten Polen« und anderen diplomatischen Aktionen versuchte die polnische Exilregierung in London, das Weltgewissen wachzurütteln und die Regierungen zum Handeln zu bewegen. Die Titelseite der Veröffentlichung einiger dieser Dokumente zu Anfang des Jahres 1943.

Artillerie der deutschen Wehrmacht beschießt das Warschauer Ghetto (April 1943).

Die »Großaktion« der Niederschlagung des Aufstandes im Warschauer Ghetto leitete der SS-Brigadeführer und Generalmajor der Polizei Jürgen Stroop, auf dem Bild der dritte von links.

Wie Fackeln brennende Menschen springen aus den Fenstern; ein Bild aus dem »Stroop-Bericht«.

Aus den Kellern herausgezerrte Menschen warten auf die Entscheidung ihrer Henker; Bild aus dem »Stroop-Bericht«.

Gefangengenommene
Frauen der Jüdischen
Kampforganisation;
Bild aus dem »Stroop-
Bericht«.

Aus den letzten Tagen des Aufstandes im Warschauer Ghetto. Die gefan-
gengenommenen Zivilisten, auch die Frauen und Kinder, wurden erschossen oder in Konzentrationslager abtransportiert.

Zivilisten werden durch die brennenden Straßen des Warschauer Ghetto abgeführt – in den Tod. Ein Bild aus den letzten Tagen des Aufstandes.

»Die Großaktion wurde am 16. 5. 1943 mit der Sprengung der Warschauer Synagoge um 20.15 Uhr beendet« – aus dem »Stroop-Bericht«.

»wegen ... Judenbeherbergung ... zum Tode verurteilt« – eine Bekanntmachung vom 17. Dezember 1943.

In Jerusalem auf dem »Berg des Gedenkens« der Baum für die Geheimorganisation »Hilfsrat für Juden«, Deckname »Zegota«, 1942–1944.

Unter diesem Baum steht eine Gedenktafel mit hebräischer und französischer Inschrift, unter anderem mit dem Namen des Verfassers dieses Buches.

bewußt, daß bei den von Berlin zentral geleiteten Vernichtungsaktionen der Nazis eine verbrecherische Konsequenz vorherrschte und daß in Kürze das Warschauer Ghetto, das noch immer 70 000 Einwohner zählte, an der Reihe sein würde. Mittlerweile verloren die Mitglieder der beiden jüdischen Kampfgruppen, der Jüdischen Kampforganisation und des Jüdischen Militärverbandes, keine Zeit: das System der Kellerverstecke und Befestigungen wurde systematisch ausgebaut; nach der von der polnischen Armeeorganisation »Heimatarmee« erhaltenen Anleitung wurden in beträchtlicher Menge Zündflaschen und Handgranaten erzeugt.

Der Frühling des Jahres 1943 kam früh, die Apriltage waren freundlich und im allgemeinen warm, auf den Straßen Warschaus herrschte ein verhältnismäßig starker Verkehr. Die christlichen Osterfeiertage standen vor der Tür, ebenso das Pessachfest. Am Palmsonntag, dem 18. April 1943, verbreiteten sich in Warschau Gerüchte, daß in den nächsten Stunden irgendeine große Polizeiaktion im Ghetto erfolgen sollte, worauf u. a. eine bedeutende Konzentrierung von kollaborierenden ukrainisch-lettischen Hilfsabteilungen in der Stadt hindeutete. Am Abend, kurz vor der für die Polen bindenden Polizeistunde, ging ich in die Nähe der Ghettomauer und bemerkte dort eine verstärkte Bewegung von Polizeipatrouillen. Diese wurde auch sofort von den wachsamen Erkundungstrupps der Jüdischen Kampforganisation im Ghetto selbst wahrgenommen. Die von ihnen alarmierten Kampftruppen bezogen noch in der Nacht ihre Stellungen, und der Großteil der Zivilbevölkerung versteckte sich in den Kellern.

»In der Nacht vom Sonntag zum Montag schlief niemand«, erinnert sich ein Teilnehmer der Ereignisse,

Funktionär des Jüdischen Nationalkomitees, in einem im Juni 1943 in der konspirativen katholischen Monatsschrift »Prawda« veröffentlichten Bericht.

»Die Posten der Kampfgruppen standen auf Wache. Die Zivilbevölkerung begab sich in die Schutzräume, in die Keller oder auch in die Obergeschosse. Die Wohnungen standen leer. Die ersten Meldungen der Beobachter lauteten: die Ghettomauern sind von den deutschen Soldaten umstellt. Eine Aktion also.«

Nach einigen Stunden, im Morgengrauen des 19. April – am Tage des 14. Nissan, Erew Pessach –, rückten 850 SS-Männer und 16 Offiziere der Waffen-SS unter dem Schutz von Tanks und zwei Panzerwagen in das Ghetto ein und bewegten sich durch die Nalewkistraße – die Hauptschlagader des jüdischen »Wohnbezirks« – in Richtung zum Zentrum des Ghettos. Schon nach einigen hundert Metern trafen sie auf unerwarteten Widerstand: Die Jugendlichen der Jüdischen Kampforganisation warfen Handgranaten und Zündflaschen aus den Fenstern der umliegenden Häuser. Einer der Tanks wurde getroffen und ging in Flammen auf; auf der Straße fielen zwölf Nazis, und die SS-Kolonne zog sich eiligst aus dem Ghetto zurück. Nach zwei Stunden nahmen die Deutschen die Kampfaktion wieder auf, diesmal mit größerer Vorsicht und größerem Kräfteeinsatz. Das Kommando übernahm der Generalmajor der Polizei, SS-Brigadeführer Jürgen Stroop.

Im Rahmen dieser kurzgefaßten Erinnerungen ist es schwierig, ein so umfangreiches und schon oftmals literarisch behandeltes Thema wie das des wochenlang dauernden Kampfes der Juden gegen die Deutschen in Warschau zu behandeln. Dieser Kampf gehört zweifellos zu den ungewöhnlichsten und heldenhaftesten Episoden in der Geschichte des von Hitler unterjochten Europas. Ich werde mich hier mehr auf persönliche Erinnerungen

beschränken. Ich wohnte zu jener Zeit in Zoliborz, einem nördlich vom Ghetto gelegenen Vorort Warschaus. Am Morgen des 19. April, unmittelbar nachdem ich meine Wohnung verlassen hatte, erfuhr ich von Straßenbahnern vom Kampf im Ghetto. In der Stadt zirkulierten bereits Gerüchte über von den Juden zerstörten Tanks, und man sprach mit der größten Genugtuung laut über die Verluste, die den Deutschen von den Verteidigern des Ghettos zugefügt wurden. Ich ging sofort in ein Lokal der Untergrundbewegung, das der Sitz des Jüdischen Referats der Delegation der polnischen Exilregierung war und als einer der ständigen Plätze für unsere Zusammenkünfte mit den Mitarbeitern der jüdischen Untergrundbewegung diente.[7]
Zufälligerweise befand sich gerade dieses Lokal in einer Entfernung von einigen hundert Metern von der drei Meter hohen Mauer des Ghettos in der Nähe der Bonifraterskastraße. Das Ghetto hallte vom lärmenden Geknatter der Maschinengewehre wider, und von Zeit zu Zeit erfolgten laute Explosionen. In der Nähe der Mauer hielten sich in dichten Reihen die SS-Männer, die Polizei und die Hilfstruppen der Kollaborateure auf. Immer wieder fuhren Tanks und Autos mit Nachschub für die Nazis vorüber, während deutsche Ambulanzwagen in die entgegengesetzte Richtung fuhren. Während des Gesprächs mit Leon Feiner und später mit Adolf Berman, die bald in das Lokal kamen, hörten wir immer wieder neue Detonationen. Diese stammten von einer Batterie der leichten Artillerie der Wehrmacht, die auf einem Platz in der Nähe des Ghettos Aufstellung

---

[7] Es war dies die Wohnung Bogna Domanskas (der Nichte des großen polnischen Schriftstellers jüdischer Abstammung Benedikt Hertz), einer der mutigsten und opferbereitesten Frauen, mit welchen ich zusammengearbeitet habe. Domanska war Sekretärin des Jüdischen Referats und eine unschätzbare Helferin bei den Arbeiten des Hilfsrates für Juden. Gegenwärtig wohnt sie in England.

genommen hatte und nach allen Regeln der Kriegskunst gegen die Aufständischen eingesetzt wurde.

An irgendeinen persönlichen Kontakt mit den Kämpfern im Ghetto, das ein starker deutscher Kordon umzingelte, war jetzt nicht zu denken. Berman und Feiner gingen nach kurzer Beratung mit uns in die Stadt, um sich möglichst genau über die Lage zu orientieren, da es galt, Informationen auf dem Funkweg sofort nach dem Westen zu übermitteln. Nachmittags lieferte uns Berman das erste Kommuniqué des Jüdischen Nationalkomitees, das auf der polnischen Seite ausgearbeitet wurde.

Mittlerweile trieben die Ereignisse weiter. Am Abend unternahm eine etwa zwanzigköpfige Abteilung polnischer Soldaten der Heimatarmee – auf Anordnung des Kommandos des Warschauer Kreises der Heimatarmee – einen Angriff auf die Ghettomauer und versuchte, diese zu sprengen. Diese Abteilung stand unter dem Kommando von Pionierhauptmann Jozef Pszenny.[8] An der Mauer entbrannte ein erbitterter Kampf zwischen der kleinen Gruppe mit Maschinenpistolen und Granaten bewaffneter Polen und den vielfach stärkeren Formationen der SS und der Polizei. Das Ergebnis war unschwer vorauszusehen: Es wurden zwar einige deutsche Polizisten getötet und die Mauer beschädigt, aber zwei Soldaten der polnischen Untergrundbewegung fielen im Kampf, vier wurden schwer verletzt, und der Rest mußte sich zurückziehen. Die erste polnische Kampfhandlung an der Ghettomauer hatte also eher moralische als militärische Bedeutung. Aus verständlichen Gründen kannte ich damals nicht die Namen der

---

[8] Hauptmann Pszenny nahm später noch an vielen Kampffaktionen gegen die Deutschen und an dem Warschauer Aufstand teil. Gegenwärtig wohnt und arbeitet er in Chicago. Sein Bruder, der bei der geschilderten Aktion verwundet wurde, lebt in Warschau.

Soldaten der Heimatarmee, die in diesem Kampf ihr Leben ließen. Ich erfuhr sie erst später: Einer von ihnen war der sechzehnjährige Gymnasiast Jozef Wilk, der zweite der nicht viel ältere Eugeniusz Morawski.[9] In den nachfolgenden Tagen wurden weitere bewaffnete Solidaritätsaktionen im Ghetto durchgeführt. Eine Gruppe der kommunistischen Jugend erschoß die deutsche Besatzung eines schweren Maschinengewehrs, einige sozialistische Gruppen und eine Kampfgruppe der Heimatarmee überfielen mehrmals deutsche Posten in der Gegend des Ghettos und griffen die motorisierten Einheiten, die den Nachschub zu diesem besorgten, an. Diese Versuche wurden mit weiteren, nicht geringen Opfern an Menschenleben und Verwundeten bezahlt.[10]

Der bewaffnete Widerstand des Ghettos rief große Bewegung in Warschau hervor. Menschenmassen versammelten sich an den Mauern und besonders in der Bonifraterska Straße, von wo aus die weiß-rote Fahne zu sehen war, die neben der jüdischen weiß-blauen hoch oben auf einem der Häuser am Muranowski Platz gehißt war, wo eine jüdische Abteilung kämpfte. Ein spezieller Stoßtrupp griff auf Befehl Stroops die jüdischen Stellungen in diesem Abschnitt an, und am 20. April riß dieser nach verbissenem Kampf beide Flaggen herunter. – »Es wurden die jüdische und die polnische Flagge als Aufruf zum Kampf gegen uns auf einem Betonhaus gehißt«,

---

[9] Die Eltern und die Schwester Jozef Wilks leben in Polen. Von der Familie Morawskis überlebte niemand den Krieg. Von den beiden Gefallenen befinden sich Porträts im Museum des Jüdischen Historischen Instituts in Warschau.
[10] In dem nach dem Krieg veröffentlichten berüchtigten Bericht Stroops finden wir die Bestätigung dieser Tatsachen: mehrmalige Erwähnung von »polnischen Banditen«, die mit Juden zusammenarbeiteten, sowie von polnischen Kampfhandlungen an der Ghettomauer und sogar von der Ergreifung und »Hinrichtung auf der Stelle« von fünfunddreißig Polen, die das Ghetto von der »arischen« Seite her mit Waffen unterstützten.

schreibt darüber Stroop in einem Bericht für General Krüger. »Beide Flaggen aber konnten schon am zweiten Tag von einer besonderen Kampfgruppe erbeutet werden. Während dieses Feuergefechts mit den Banditen fiel SS-Untersturmführer Dehmke.«

In dem Radiogramm, das uns am zweiten Tag des Ghettoaufstandes zur Übermittlung an die Londoner Adresse Dr. Ignacy Schwarzbarts und Szmul Zygielbojms übergeben wurde, stellten dessen Verfasser, Feiner und Berman, fest: »In der ganzen Stadt große Erregung. Die Bevölkerung Warschaus verfolgt den Kampf mit Bewunderung und mit eindeutiger Sympathie für das kämpfende Ghetto.« Und in dem am 28. April 1943 übermittelten Radiogramm hieß es: »Die Haltung der Verteidiger erweckt unter der Bevölkerung des Landes Bewunderung und unter den Deutschen Beschämung und Wut (...). Sofortige erfolgreiche Hilfe liegt jetzt ausschließlich in der Macht der Alliierten. Im Namen der Millionen schon gemordeter Juden, im Namen jener, die jetzt verbannt und massakriert werden, im Namen der heldenhaft Kämpfenden und von uns allen zum Tode Verurteilten rufen wir die ganze zivilisierte Welt auf: Jetzt und nicht im Halbdunkel der Zukunft möge der mächtige Gegenschlag der Alliierten gegen den blutrünstigen Feind in der einzig verständlichen Sprache der Vergeltung geführt werden.«

Leider blieben diese Appelle wie auch einige weitere mit ähnlichem Inhalt erfolglos. Nach einiger Zeit erhielten wir eine aus Tel Aviv an die Adresse des Jüdischen Nationalkomitees in Warschau gerichtete Radiobotschaft, die das »Komitee zur Rettung der Juden im besetzten Europa« zum Absender hatte. Wir leiteten vom Jüdischen Referat den Funkspruch an Adolf Berman weiter. Sein Inhalt war vielsagend: »Den ganzen

Krieg hindurch suchen wir Mittel und Wege, mit euch Verbindung aufzunehmen und euch Hilfe zu bringen. Leider begegnen wir einer unbezwinglichen Gleichgültigkeit und einem Widerstand seitens jener, in deren Händen die Möglichkeit eurer Rettung liegt.« Der Verfasser der Radiobotschaft war der bekannte Kämpfer für die Rechte der Juden und ehemalige Abgeordnete im polnischen Parlament, Jitzchak Grünbaum. Er intervenierte, als Vorsitzender des erwähnten Komitees bei den Vertretern der Regierungen der Anti-Hitler-Koalition, vergeblich, um Gegenmaßnahmen gegen das Deutsche Reich zu erreichen und die noch am Leben gebliebenen Juden Polens zu retten.

Während der Ghettokämpfe sahen wir täglich und manchmal auch mehrmals am Tag Berman und Feiner, verschiedene Mitarbeiter des Hilfsrates für Juden und Frauen, die die Verbindung herstellten. Vereint in gemeinsamer, uns zutiefst bewegender Sorge, berührte uns jede schlechte Nachricht von der anderen Seite der Mauer aufs schmerzlichste. Die Diskussion verschiedener wenig realistischer Möglichkeiten zur Rettung der Kämpfenden erfüllte uns mit neuen Illusionen. Die Bedingungen, unter welchen wir selbst lebten, schlossen jede Möglichkeit zu helfen aus – Hilfe zu bringen, lag nicht in unserer Macht. Für die wichtigste durchführbare Aufgabe hielten wir demnach die regelmäßige Nachrichtenübermittlung an den Westen, um diesen über die Geschehnisse in Warschau zu informieren. Zum anderen versuchten wir, die polnische öffentliche Meinung systematisch zu beeinflussen, um eine möglichst große Zahl von Personen zu gewinnen, die geneigt wären, das große Risiko auf sich zu nehmen, Flüchtlingen Hilfe und Zuflucht zu gewähren. Diese Beeinflussung erfolgte sowohl durch persönlichen Kontakt als auch auf dem Wege der Untergrundpresse. Man lenkte die Aufmerksamkeit auf die wichtige geschichtliche und moralische Bedeutung des Ghettoaufstandes: Dies war die erste Auflehnung einer Stadt in der Geschichte der europäischen Widerstandsbewegung, der erste aufrührerische Kampf im Zentrum einer Millionenstadt, in welchem eine deutsche Garnison von mehreren zehntausend Mann stationiert war. Und schließlich war diese Erhebung auch ein Wendepunkt in der Geschichte des jüdischen Volkes zur Zeit der Okkupation, ein Phänomen, das die Absichten und Erwartungen selbst der Organisatoren und Führer der Kämpfe um ein beträchtliches übertraf. Ich erinnere mich noch deutlich an den Eindruck, den der Brief Anielewicz's auf uns machte. Das Schreiben wurde von ihm am 23. April 1943, also am fünften Tag des Ghettokampfes verfaßt und war an seinen Vertreter und Freund Jitzchak Cukierman auf der »arischen« Seite gerichtet. Dieser Brief wurde für uns von Berman in die polnische Sprache übersetzt:

»Das, was wir erleben, übersteigt unsere verwegensten Vorstellungen«, schrieb Anielewicz. »Die Deutschen flüchteten zweimal aus dem Ghetto. (. . .) Das wichtigste ist dies: Der Traum meines Lebens ist in Erfüllung gegangen – ich erlebte die jüdische Selbstverteidigung im Warschauer Ghetto in ihrer ganzen Pracht und Größe!«[11]

In ernster Stimmung lenkten die Untergrundblätter die Aufmerksamkeit der polnischen Bevölkerung auf das Heldentum der kämpfenden Juden und appellierten an diese, den Kampf zu unterstützen. Am 5. Mai 1943, noch während die Kämpfe in Warschau andauerten, sprach im

---

[11] Die Nazis schätzten den Ernst der Lage, die durch die bewaffnete Erhebung im Ghetto entstand, vollkommen nüchtern ein. Am 20. April 1943 informierte Generalgouverneur Hans Frank den Chef der Kanzlei des »Führers«, Lammers: »Seit gestern haben wir in Warschau einen bereits mit Einsatz von Geschützen zu bekämpfenden, wohlorganisierten Aufstand im Ghetto.«

Londoner Rundfunk der damalige Ministerpräsident der polnischen Exilregierung, General Sikorski, und stellte mit Nachdruck fest: »Wir sind Zeugen des größten Verbrechens der Menschheitsgeschichte. Wir wissen, daß ihr den gemarterten Juden jede in eurer Macht stehende Hilfe angedeihen laßt. Ich danke euch dafür, Landsleute, in meinem und der Regierung Namen. Ich bitte euch, ihnen auch weiterhin jede erdenkliche Hilfe zu gewähren und gleichzeitig dieser unmenschlichen Grausamkeit Einhalt zu gebieten.«

Wir kolportierten den Text dieses Aufrufes, der als Flugblatt gedruckt wurde; außerdem brachten wir im Namen des Hilfsrates für Juden ein zweites Flugblatt heraus, in dem sowohl die Worte des Ministerpräsidenten Sikorski als auch der bereits Anfang Mai 1943 veröffentlichte Appell des Geheimvertreters der Regierung in der Heimat, in bezug auf die Hilfeleistung an die vom Tode Gezeichneten, enthalten waren.

Mittlerweile steckten die Deutschen ein Haus nach dem anderen in Brand, eroberten die befestigten Bunker, töteten auf der Stelle Tausende von Menschen, und brachten diejenigen, die sie gefangennahmen, in die Vernichtungslager. Über der Stadt lagen während des Tages schwarze Rauchwolken, und in der Nacht erleuchtete der Feuerschein den Warschauer Himmel, ähnlich wie in den Tagen der Belagerung im September 1939. Die anfängliche Erregung der Bevölkerung wich einer dumpfen Niedergeschlagenheit und dem Gefühl der Hoffnungslosigkeit.

Knapp nach den Osterfeiertagen erreichte uns der letzte Bericht des Kommandos der Jüdischen Kampforganisation (vom 26. April 1943), in welchem Anielewicz unter anderem feststellte: »Unsere letzten Tage sind nahe, aber solange wir noch Waffen in den Händen haben, werden wir kämpfen und Widerstand leisten.«

Und tatsächlich – sie leisteten Widerstand bis zum letzten: bis zum 8. Mai 1943, dem zwanzigsten Tag der Kämpfe, als die Deutschen den zentralen Bunker der Jüdischen Kampforganisation entdeckten.

Der Stab der Jüdischen Kampforganisation ergab sich nicht lebend den Händen des Feindes. Mordechaj Anielewicz und seine engsten Kampfgenossen nahmen sich am 8. Mai 1943 im von SS-Männern umstellten Bunker in der Mila Straße 18 das Leben. Zehn Teilnehmern der Kämpfe im Ghetto gelang es, mit Hilfe von Polen, durch unterirdische Kanäle auf die »arische« Seite hin zu entkommen. Unter den auf diese Weise Geretteten befanden sich u. a. auch die Mitglieder des Stabes der Jüdischen Kampforganisation: Hersz Berliński, Marek Edelman, Michał Rojzenfeld und auch Cywia Lubetkin.

Einige von ihnen nahmen noch einmal die Waffe gegen die Deutschen in die Hand, und zwar während des allgemeinen Aufstandes in Warschau im August und September 1944.

Am 13. Mai 1943 nahm sich Szmul Zygielbojm, Funktionär des »Bundes« und ehemaliger Stadtrat von Warschau, in der Emigration in London das Leben, um auf diese tragische Weise gegen das Schweigen und die Untätigkeit der Welt gegenüber den Naziverbrechen in Polen zu protestieren. Zu diesem Zeitpunkt hatte der hoffnungslose Kampf im Warschauer Ghetto schon sein Ende erreicht.

Am 16. Mai 1943 meldete General Jürgen Stroop telegrafisch General Krüger in Krakau: »...Das ehemalige jüdische Wohnviertel Warschaus besteht nicht mehr. Mit der Sprengung der Warschauer Synagoge wurde die Großaktion um 20.15 Uhr beendet. (...) Gesamtzahl der erfaßten und nachweislich vernichteten Juden beträgt insgesamt 56 065.«

Im Bericht Stroops über die Vernichtung des jüdischen

Wohnbezirks in Warschau, der für den Höheren SS- und Polizei-Führer im Generalgouvernement sowie für Heinrich Himmler bestimmt war, werden einige Male Fakten bewaffneten Zusammenwirkens von Polen und Juden, die im Ghetto kämpften, erwähnt, ebenso Angriffe auf Stellungen der Nazis außerhalb des Ghettos durch »polnische Banditen«. In den Tagesmeldungen über die Kämpfe im Ghetto vermerkte er ebenfalls die Ergreifung und Hinrichtung mehrerer Polen an Ort und Stelle, die mit den Juden zusammengearbeitet haben.

Nachdem die Kämpfe ihren Abschluß gefunden hatten, begannen die Deutschen mit der systematischen Zerstörung des ehemaligen jüdischen Bezirks, der etwa 400 Hektar umfaßte und verwandelten ihn in ein Trümmerfeld. Sie bedienten sich bei diesem Zerstörungswerk unter anderem der unbezahlten Arbeitskraft von Gefangenen, von ungarischen, slowakischen, griechischen und polnischen Juden, die von Auschwitz dorthin kommandiert wurden und in einem kleinen Lager im entvölkerten Gebiet des Ghettos untergebracht waren.

Die endgültige Zerstörung des Warschauer Ghettos im Mai 1943 ging mit einer gleichzeitigen Verschärfung des Terrors gegen die polnische Intelligenz in Warschau und in den anderen Städten innerhalb des sogenannten Generalgouvernements einher. Nach der Sprengung der Warschauer Synagoge wurden an einem einzigen Tag etwa 700 Personen (darunter zwanzig Prozent Frauen) aus stadtbekannten und hochgeachteten polnischen Familien in das Gestapogefängnis eingeliefert. Sie wurden nach ungefähr 14 Tagen ohne Schuldbeweise irgendwelcher Art und ohne Gerichtsverhandlung hingerichtet. Diesmal wurde der Mord auf dem entvölkerten Gebiet des Ghettos begangen, das seit Mai 1943 zur ständigen Richtstätte sowohl für die von der Gestapo verhafteten Polen als auch für jene Juden geworden war, die von den

Nazischergen auf der »arischen« Seite aufgespürt wurden. Zum wiederholten Male während der Okkupationsjahre in Polen bemühte man sich, auf diese Weise das Volk einzuschüchtern und seinen Widerstandswillen zu lähmen.

Diese terroristischen Maßnahmen bewirkten gerade das Gegenteil dessen, was sie bezweckten. Nach dem Warschauer Vorbild ging im Juni die jüdische Jugend zum Widerstand gegen die Deutschen in Lemberg und Tschenstochau über und am 3. August in Bedzin; am 16. September brach ein größerer jüdischer Aufstand in Bialystok aus, der von den Nazis mit Artillerie- und Fliegereinsatz niedergeworfen wurde! Auch die unglücklichen, am Leben verbliebenen Insassen der Lager Treblinka und Sobibor rafften sich zu einer Tat auf; in diesen beiden Vernichtungslagern fanden am 2. August und am 14. Oktober 1943 bewaffnete Aufstände statt. Mittlerweile verging in Warschau keine Woche ohne neue Attentate der polnischen Untergrundorganisation, die auf Funktionäre der deutschen Polizei, der Gestapo und der Naziadministration oder auf Verräter aus den eigenen Reihen verübt wurden. In der Stadt brannten deutsche Waffenlager nieder, und Bomben explodierten in verschiedenen deutschen Institutionen.

Für jene Gruppe von Menschen, die sich – unter den spezifischen Lebensbedingungen der letzten beiden Jahre der Okkupation – hauptsächlich und ständig mit der Betreuung der im Versteck lebenden Juden beschäftigten, war das wichtigste Problem, größtmögliche Sicherheit für ihre Schützlinge zu erreichen, um ihre Überlebenschancen zu erhöhen. Es war eine Aufgabe, die von Monat zu Monat größeren Schwierigkeiten begegnete. Es wurde immer schwieriger, die noch vorhandenen Ghettos und Lager zu erreichen, um dorthin

Hilfe in Form von Geld, Lebensmitteln und Medikamenten zu bringen.

»Sowohl die Aktion der Verteidigung als auch die der Betreuung führten wir unter den unbeschreiblichen Bedingungen einer doppelten Konspiration inmitten des Wütens des sich auch gegen die Polen richtenden deutschen Terrors durch, wenn das Blut der in Massen erschossenen polnischen Geiseln tagtäglich in den Straßen Warschaus floß«, schrieben A. Berman, J. Cukierman und D. Kaftor in dem Bericht des Jüdischen Nationalkomitees vom 15. November 1943, der durch unsere Vermittlung an Dr. Ignacy Schwarzbart in London weitergegeben wurde. Jene von uns, die Mitkämpfer der polnischen Unabhängigkeitsbewegung waren, die mit den Menschen aus der jüdischen Untergrundbewegung und mit zahlreichen hilfesuchenden Flüchtlingen aus den Ghettos persönlich in Berührung kamen, wußten vielleicht besser als irgend jemand anderer, daß die größte Gefahr sowohl für die im Versteck lebenden Juden als auch für uns und alle jene Polen, die oftmals nur gelegentlich den Verfolgten Hilfe angedeihen ließen, die Gefahr war, die von den verbrecherischen Elementen drohte, die mit der deutschen Kriminalpolizei zusammenarbeiteten. Ich denke dabei an die berufsmäßigen Konfidenten und auch Denunzianten und Erpresser, die durch Versprechung materieller Vorteile von den Okkupationsbehörden gewonnen wurden. Dieses schmerzliche Problem diskutierte ich oftmals während der Okkupation mit Menschen, die, ebenso wie ich, persönlich davon betroffen waren. Oft dachte ich auch nach dem Krieg daran und stellte anhand von zahlreichen Zeugenaussagen und geretteten Dokumenten Untersuchungen über Fälle von Erpressungen und Denunziationen an, denen Juden zum Opfer fielen, sowie über die Bekämpfung dieser Art von Verbrechen.

Aus tiefster Überzeugung muß ich feststellen, daß, obwohl es nicht so viele solcher Denunzianten gab, als man gemeinhin oft anzunehmen geneigt ist, diese kraft ihrer Beweglichkeit und verbrecherischen Initiative sowie infolge ihrer gut funktionierenden Organisation innerhalb einer Art von Bande im Verhältnis zu ihrer Zahl einen unverhältnismäßig großen Schaden anrichteten.

Dank eines besonders glücklichen Zufalls und des Mutes mir unbekannter Menschen gelang es mir persönlich, einer Denunziation an die Warschauer Gestapo im Sommer 1944 zu entkommen und dadurch mein Leben zu retten. Eine mir bis zum heutigen Tage unbekannte polnische Beamtin übernahm und öffnete im Postamt in Warschau einen Brief, der an die Gestapo gerichtet war, in welchem der Schreiber mich der Teilnahme an der Hilfsaktion für Juden anklagte und meinen Vor- und Zunamen sowie die genaue Adresse angab. Dieser Brief wurde mir aufgrund der in der Denunziation angegebenen Adresse in meine Wohnung zugestellt. Selbstverständlich wechselte ich sofort die Wohnung, um erneuten Bemühungen des anonymen Denunzianten zuvorzukommen und berichtete über den Vorfall meinem Vorgesetzten aus der militärischen Untergrundorganisation Heimatarmee.

Möglicherweise wäre der Konfident mit der Zeit gefunden worden, aber einige Tage später, am 1. August 1944, brach bereits der Warschauer Aufstand aus, was irgendwelche Schritte in dieser Sache unmöglich machte.

Eine ebenso schändliche Rolle wie die Denunzianten spielten die Erpresser, genannt »szmalcownik«, die Werte wie Geld und Juwelen unter der Drohung, ihre Opfer an die deutsche Polizei auszuliefern, erpreßten. Die auf diese Weise aus ihrem Versteck getriebenen Juden blieben oftmals ohne jede Mittel; sie mußten ihren

Wohnort und ihre bisher verwendeten Papiere sofort wechseln. In zahlreichen Fällen sah ich mich vor der Notwendigkeit sofortiger Betreuung solcher Menschen, die Opfer von Erpressern geworden waren.

Um diesem verbrecherischen Treiben ein Ende zu setzen und alle jene zu warnen, die durch Leichtsinn oder unter dem Einfluß von demoralisierten Einzelpersonen sich in die Gefahr begaben, das Odium des Kain-Verbrechens gegenüber ihren jüdischen Mitbürgern auf sich zu laden, veröffentlichte die konspirative »Leitung des zivilen Widerstandes«, die sich im besetzten Polen einer großen Autorität erfreute, im März 1943, in der Zeit des stärksten Naziterrors gegen die Juden und der endgültigen Liquidierung vieler Ghettos, einen Aufruf folgenden Inhalts:

»Obwohl selbst ein Opfer schrecklichen Terrors, sieht die polnische Bevölkerung mit Entsetzen und tiefstem Mitgefühl auf den Mord der Deutschen am Rest der jüdischen Einwohner Polens. Sie hat gegen dieses Verbrechen protestiert, und ihr Protest wurde in der gesamten freien Welt gehört. Juden, die aus den Ghettos entflohen oder den Vernichtungslagern entkommen konnten, ließ die polnische Bevölkerung eine so umfassende Hilfe angedeihen, daß die Besatzungsmacht eine Bekanntmachung veröffentlichte, in der jedem Polen, der versteckten Juden helfe, der Tod angedroht wird. Leider haben sich einige ehrvergessene, gewissenlose, aus der Verbrecherwelt hervorgegangene Personen gefunden, die sich dadurch eine frevlerische Einnahmequelle schafften, daß sie nicht nur die Juden selbst, sondern auch ihre polnischen Landsleute, die Juden versteckt hielten, erpreßten.

Die Leitung des Zivilkampfes droht an, jede dieser Erpressungen zu registrieren und im Rahmen des Möglichen schon jetzt, aber auf jeden Fall in der Zukunft, mit der ganzen Strenge des Gesetzes zu bestrafen. – Die Leitung des Zivilkampfes«

Dieser Aufruf, der den Forderungen des Hilfsrates für Juden vollkommen entsprach, wurde in der weitverbreiteten Untergrundpresse der Heimatarmee, in dem offiziellen konspirativen Organ der Regierung und in der demokratischen Untergrundpresse verschiedener Richtungen zur Kenntnis gebracht. Bald nach Veröffentlichung des Aufrufs empfahl der Leiter des Zivilkampfes, Rechtsanwalt Stefan Korbonski, im Rahmen einer Beratung der regionalen Leiter des ganzen Landes die strengste Bestrafung der Denunzianten und Erpresser, die Juden und jene Polen, die ihnen Hilfe leisteten, bedrohten.[12]

Am 30. April 1943, zu einer Zeit, als im Warschauer Ghetto noch gekämpft wurde, veröffentlichte der geheim amtierende Delegierte der polnischen Regierung eine längere Erklärung, die mit folgenden Worten schloß: »Die politische Leitung des Landes gab bereits ihrem zutiefst empfundenen Abscheu vor den antijüdischen Verbrechen, die von den Deutschen verübt werden, Ausdruck und wiederholt nachdrücklich ihre Verdammung dieser Schandtaten. Die polnische Gemeinschaft handelt richtig, wenn sie den gejagten und verfolgten Juden gegenüber Mitgefühl empfindet und ihnen Hilfe angedeihen läßt. Diese Hilfe sollte sie auch weiterhin leisten.«

Im Namen des Hilfsrates für Juden gaben wir überdies dreimal, im Mai, August und September 1943, an das polnische Volk gerichtete Flugblätter heraus, die mit dem Namen »Die Polnischen Unabhängigkeitsorganisationen« gezeichnet waren. Sie wiesen besonders auf

[12] Stefan Korbonski lebt in Washington. Er gehört zu den Polen, die jetzt den Titel »Gerechte unter den Völkern der Welt« tragen.

den moralischen Wert von »Handlungen und Heldentaten zum Zweck der Rettung des Menschen vor der Hitlerbestie« hin. Die Flugblätter wurden in die Treppenhäuser großer Miethäuser geworfen, mit der Post verschickt und auf Mauern aufgeklebt. Nach einigen Wochen stellten die leitenden Gremien der polnischen Untergrundbewegung, der zivilen wie auch der militärischen, in einer gemeinsamen Erklärung vom 5. Juli 1943, in bezug auf die Verfolgung von Naziverbrechen und auf Fälle von Kollaboration mit den Deutschen kategorisch fest, daß »alle Fälle von Gelderpressungen und Herauslockung von Geld unter der Vorspiegelung der Befreiung von Gefangenen oder internierten Polen sowie Gelderpressungen von im Versteck lebenden Juden der Strafverfolgung durch Sondergerichte anheimfallen«.

Das Judenreferat der Delegatur der polnischen Regierung erhielt bald darauf die ersten Meldungen über Erpressungen, die wir an die Erkundungszellen weiterleiteten, die sich mit diesen Angelegenheiten besonders – gewissermaßen beruflich – beschäftigten. Schon kurz darauf wurden in Warschau und Krakau die ersten Todesurteile an deutschen und polnischen Zuträgern und Funktionären der Kriminalpolizei vollstreckt, deren Spezialgebiet die Denunzierung versteckter Juden oder deren Erpressung war. Es muß festgestellt werden, daß das Aufspüren der Schuldigen keineswegs leicht war. Aus eigener Erfahrung habe ich die Erkenntnis gewonnen, daß die Informationen von Menschen, die selbst das Opfer einer Erpressung wurden (und in deren Folge eines Raubes), gewöhnlich nicht genügten, um einen Erpresser in einer Millionenstadt zu finden. Es war natürlich kaum zu erwarten, daß die verängstigten Leute Namen und Adressen ihrer Verfolger wußten. Wir mußten also einen anderen Weg einschlagen. Wir bezogen unsere Informationen direkt von jenen Polen, die mit Wissen und im Auftrag der Untergrundorganisation in der Kripo arbeiteten. Auf diese Weise gelang es uns, einige Dutzend Konfidenten zu entlarven, deren Fall an das Sondergericht weitergeleitet wurde.

Die Urteile des Sondergerichts über Verräter wurden von jungen, opferbereiten Menschen, die als Exekutive des polnischen Untergrundstaates wirkten, unter höchster Lebensgefahr vollstreckt. Um ein Attentat auf einen Polizeifunktionär oder Konfidenten vorzubereiten, mußte man oft stundenlang auf den von Deutschen überwachten Straßen oder in Hauseingängen stehen und den Verurteilten beobachten, um ihn im richtigen Augenblick zu erschießen. Trotz der sorgfältigsten Vorbereitung von Attentaten dieser Art kam es zu Vorfällen wie bei der Vollstreckung des Urteils an dem Gestapomann Willy Leitgeber, der wegen seiner Brutalität gegenüber Juden und Polen allseits bekannt war. Sie fand im Juni 1944 mittags im verkehrsreichen Zentrum Warschaus statt. Leitgeber erschien, wie erwartet, an einer bestimmten Stelle, jedoch nicht, wie angenommen wurde, allein, sondern in Begleitung von sieben anderen Nazifunktionären. Es entwickelte sich eine allgemeine Schießerei, in deren Verlauf neben Leitgeber auch andere Gestapomänner getötet wurden. Ich erinnere mich an den bekannten Fall der Erschießung eines Konfidenten, der auf Denunzierung und Erpressung von Juden spezialisiert war, eines Polen namens Tadeusz Karcz, in einem vielbesuchten Kaffeehaus in der Nowy-Swiat-Straße, einer der Hauptstraßen Warschaus. Das Mitglied der militärischen Untergrundorganisation Heimatarmee, das im November 1943 an ihm das Urteil zu vollstrecken hatte, erschoß ihn am Kaffeehaustisch, in einem Saal, in dem sich mehrere deutsche Offiziere befanden. Zwei Kameraden des Urteilsvollstreckers hielten die Offiziere gleichzeitig mit Maschinenpistolen in Schach. Alles gelang ohne eigene Verluste, und einige Tage später berichtete die Untergrundpresse in einem kurzen Kommuniqué über die Vollstreckung eines Todesurteils für »die Auslieferung polnischer Staatsbürger jüdischer Nationalität in die Hände der Deutschen«. Dies war eine ausreichende Erklärung der Ursache jener geheimnisvollen Schüsse im Kaffeehaus, von denen die ganze Stadt sprach.

Menschen, die die Todesurteile vollstreckten, waren in der Regel verpflichtet, sämtliche Dokumente und Papiere, die sie bei den Verurteilten gefunden hatten, ihren Vorgesetzten abzuliefern. Im Herbst 1943 kam ich in den Besitz eines Notizbuches, das bei Borys Pilnik gefunden worden war, dessen Todesurteil im Sommer 1943 in einem Urlaubsort in der Nähe Warschaus vollstreckt wurde. Borys Pilnik war Anführer einer ganzen Bande von Erpressern, die Juden, die auf der »arischen« Seite im Versteck lebten, aufspürten, darunter auch solche, die mit Nichtjuden verheiratet waren. Sie erzwangen von den Unglücklichen Schweigegeld für die Nichterstattung einer polizeilichen Anzeige. Das Notizbuch dieses Verbrechers enthielt eine richtiggehende Geschäftsbuchhaltung seiner Schandtaten. In diesem Notizbuch waren die Namen und in manchen Fällen auch Adressen von bisher erpreßten Personen fein säuberlich aufgezeichnet, pedantisch geführte Angaben über die erpreßten Geldbeträge, zudem Namen und Adressen von Personen, die für eine Erpressung oder Denunzierung in Frage kamen, manchmal mit einem Fragezeichen versehen. Zum Beispiel stand da zu lesen: »Die Tochter des Rabbiners?« – Angabe der Adresse, oder: »Mischehe? – muß ausfindig gemacht werden«, oder Anfangsbuchstaben und Adresse einer unbekannten Person mit der Hinzufügung: »Schmuck«. Wir informierten sofort die Betroffenen, soweit es uns gelang, sie ausfindig zu machen, und teilten ihnen mit, daß ihr Peiniger nicht mehr am Leben sei. Vorläufig waren sie sicher. Wir warnten auch die anderen Menschen, daß die Namen, unter welchen sie auf der »arischen« Seite lebten, einem Erpresser bekannt gewesen seien und daher andere Mitglieder der Bande diese möglicherweise gleichfalls wüßten. Eine Abschrift des Inhalts des Notizbuches wurde damals in unserem Jüdischen Referat der Regierungsdelegation in einigen Exemplaren angefertigt und trotz der späteren Zerstörung Warschaus gerettet. (Ich sah eine im Jahre 1963 im Archiv von Yad Vashem in Jerusalem.)

Der Kampf gegen die Erpresser war ein überaus schwieriges Unterfangen, aber trotzdem wurde er in den Jahren 1943/44 im Rahmen der Möglichkeiten der polnischen Untergrundorganisationen systematisch durchgeführt. Wenn jedoch – wie die Zukunft in mehreren Fällen zeigte – die Erinnerung an den erlittenen Schaden und an die persönlichen Tragödien, die als die Folge von Denunziationen erlebt wurden, bei manchen Geretteten stärker und bleibender war als die Erinnerung an die unvergleichlich zahlreicheren Fälle der Hilfeleistung unter ungeheurem Risiko der Retter – muß man dies als einen der charakteristischen und übrigens irgendwie berechtigten Züge der menschlichen Natur betrachten: die tragischen und negativen Erlebnisse hinterlassen für gewöhnlich in der Psyche des Menschen eine tiefere und dauerhaftere Spur als die guten und positiven.

Neben der deutschen Polizei und den Denunzianten und Erpressern, die sich aus dem polnischen und ukrainischen Abschaum rekrutierten, stellten für die im Versteck lebenden Juden die Renegaten aus dem eigenen Milieu, die jüdischen Konfidenten, eine große Gefahr dar. Eingehüllt von falschen Hoffnungen und Verspre-

chungen halfen sie oft den Deutschen beim Aufspüren
von Glaubensgenossen, die sich auf der »arischen« Seite
versteckt hielten. Die jüdischen Untergrundorganisationen sagten diesen Verrätern noch zur Zeit, als das Ghetto
existierte, einen unerbittlichen Kampf an und töteten sie
ohne Pardon. Es gab aber kompliziertere Formen der
Zusammenarbeit mit den Okkupanten, die nicht immer
vom bösen Willen diktiert wurden, sondern manchmal
eine in ihren Folgen schädliche Desorientierung zur
Ursache hatten. Als Beispiel dafür kann der berüchtigte
Fall der »legalen Ausreise« von Juden aus Polen mit
Pässen südamerikanischer Staaten im Jahre 1943
betrachtet werden, eine Angelegenheit, die uns viel
Sorgen bereitete und schließlich einen tragischen Aus-
gang nahm. Einige südamerikanische Republiken, insbesondere Paraguay, boten mehreren Juden, die mittlerweile in den Ghettos ermordet worden waren, die
Verleihung von Staatsbürgerschaften an. Um den weiteren Verlauf der Sache wiederzugeben, bediene ich mich
des Originaltextes aus dem mit »Berezowski« (Pseudonym Dr. Leon Feiners) unterzeichneten »Bericht des
Zentralkomitees des ›Bund‹« vom 15. November 1943,
der vor seiner Übermittlung an den damaligen Vertreter
des »Bund« in London, Dr. Emanuel Scherer, durch
meine Hände ging:
»Ein großer Teil der Briefe, die an die Konsulate von
Paraguay und der Schweiz für die in den Ghettos unter
deutscher Besatzung in Polen wohnenden und inzwischen ermordeten Juden gesendet wurden (...), wurden
in den Händen von verabscheuungswürdigen jüdischen
Konfidenten der Gestapo zu einem Handelsobjekt, für
die manchmal enorme Beträge herausgelockt wurden.
In gewissen unbelehrbaren jüdischen Schichten begann
man diese Briefe als einen Weg zur Befreiung und zur
Rettung des bedrohten Lebens, als einen Brief sicheren

Geleites zu betrachten –...) Unter den verzweifelten, der Vernichtung preisgegebenen Juden breitete sich eine Psychose aus, die von den jüdischen Konfidenten der Gestapo bewußt gefördert wurde (...) Es dauerte nicht allzu lange, bis diese neue und tragische Illusion platzte. Etwa beim dritten Transport, der in das ersehnte Paradies, das Ausländerlager bei Hannover, abgehen sollte, wurden mehr als dreihundert Juden verhaftet und erschossen (...)«

Das oben beschriebene unglückselige Ende der Ausreisen mit den Papieren neutraler Staaten konnte ich zufällig aus nächster Nähe persönlich mitansehen. Dutzende jüdische Familien, die bis zu diesem Zeitpunkt, ohne entdeckt zu werden, im Versteck gelebt hatten, kamen im Jahre 1943 zu zwei Sammelstellen in Warschau, die von der deutschen Polizei in eigens für diesen Zweck requirierten Hotels eingerichtet wurden. Die Leute wurden in diesen Hotels anständig behandelt, was sie in ihrer falschen Annahme bekräftigte, daß die Deutschen Wort halten würden. Am 13. Juli 1943 beobachtete ich zur Mittagszeit gerade eines der Hotels, als einige große deutsche Lastwagen vorfuhren. Es wurden direkt auf der Straße vor dem Gebäude etwa dreihundert Juden, Männer, Frauen und Kinder, mit ihrem persönlichen Gepäck in die Lastwagen verladen, was auf durchaus freundliche Weise geschah. Ich konnte mein Erstaunen kaum unterdrücken, als ich die deutschen Polizisten sah, wie sie Frauen und älteren Personen halfen, in die Lastwagen einzusteigen – trug sich doch das alles schon nach dem Verbrechen der Vernichtung der Ghettos in Polen zu. Die grausame Komödie wurde bis zu Ende gespielt. Nach einer Viertelstunde bereits zeigte sich, daß die beladenen Lastwagen in die Richtung des Gestapogefängnisses in der Dzielnastraße fuhren. Am nächsten Tag trat ich mit einer der Gefängniswärterinnen, einer Polin, die eine Mitverschworene der Untergrundorganisation war, in Verbindung und erfuhr von ihr die beunruhigende Nachricht, daß die Mehrheit der vom Hotel eingelieferten Personen mit der Begründung, daß ihre Papiere falsch wären, in die normalen Gefängniszellen gesteckt wurden. Am darauffolgenden Tag benachrichtigte mich dieselbe Wärterin, daß ungefähr dreihundert Personen, die im Besitz von ausländischen Pässen waren, in den Ruinen des Ghettos hingerichtet wurden. Diese tragische Nachricht, die unsere ärgsten Befürchtungen bestätigte, übermittelte ich zuerst mündlich und später schriftlich den jüdischen Mitarbeitern der Untergrundorganisationen in Warschau, L. Feiner und A. Berman. Diese Meldungen gehören zu den wenigen geretteten Archivalien, die die Zusammenarbeit der polnischen und jüdischen Untergrundbewegung in Warschau während der Okkupation betreffen. Sie befinden sich gegenwärtig in einem der staatlichen Archive in Warschau.

Neben der ständigen, man ist versucht zu sagen routinemäßigen Tätigkeit der materiellen und moralischen Hilfeleistung für die im Versteck lebenden Juden und der Übermittlung von Informationen ins Ausland und der Berichte darüber, was sich im besetzten Polen tatsächlich abspielte, hielten wir es für notwendig, in verschiedener Form auf die polnische Bevölkerung einzuwirken, um sie über die Einzelheiten der Tragödie der Juden zu informieren und möglichst günstige Voraussetzungen für die Aktionen zu schaffen, die von uns sowohl im Rahmen des Hilfsrates für Juden als auch des Jüdischen Referats der Regierungsdelegatur sowie des Jüdischen Referats bei der militärischen Organisation und den anderen Zentren der polnischen Untergrundbewegung durchgeführt wurden. Diese informativ-propagandistische und gleichzeitig erzieherische Aktion beschränkte sich keineswegs auf die Herausgabe von Flugblättern, die zur Hilfeleistung an Juden aufriefen, sondern fand auch in der Untergrundpresse, aber vor allem in besonderen, gemeinsam von Polen und Juden herausgegebenen Publikationen in Form von Broschüren, die den aktuellen Ereignissen gewidmet waren, ihren Ausdruck. Diese wichtigen publizistischen Aktionen in meinen Erinnerungen nicht zu erwähnen, halte ich für unrichtig, doch werde ich mich bloß auf die Wiedergabe einiger Beispiele beschränken. Im Mai 1943, als sich die Kämpfe im Ghetto ihrem Ende näherten, wandte sich eine mir bekannte polnische Pfadfinderin, Maria Kann, die damals am Anfang ihrer schriftstellerischen Karriere stand, an mich mit der Bitte um Hilfe bei der Beschaffung von Dokumenten, die sie für die Bearbeitung einer Publikation über die Ereignisse im Ghetto benötigte und die sie als einen »Aufruf an das Weltgewissen« zu schreiben beabsichtigte. Ich gab ihr die Abschriften der Kommuniqués und Funksprüche der jüdischen Organisationen, die ins Ausland gesendet wurden, sowie der Berichte, die sich auf die Tätigkeit der jüdischen Kampforganisation bezogen, die dem Jüdischen Referat der Regierungsdelegatur vor allem von Adolf Berman geliefert wurden. Auf Grund dieses und anderen Materials verfaßte die Autorin eine ziemlich umfangreiche Broschüre mit dem Titel »Vor den Augen der Welt«, die im Sommer 1943 in einer geheimen Druckerei in Warschau gedruckt wurde. Im Herbst 1943 beteiligte ich mich bereits an dem Vertrieb dieser Broschüre, die mit einer Auflage von 2100 Exemplaren herausgebracht wurde. »Vor den Augen der Welt« erschütterte nicht nur durch die geschilderten Tatsachen, sondern vor allem durch den zutiefst menschlichen Kommentar, der auf die ungeheure moralische Gefahr hinwies, die die Gleichgültigkeit angesichts der Vernichtung eines ganzen Volkes für die Menschheit darstellt.

»Vor den Augen der Welt, vor unseren Augen, vor den Augen unserer Jugend wurde ein Volk ermordet«, schrieb Maria Kann. »Wir sahen untätig zu. Trotz der ganzen Empörung gewöhnten wir uns an den Gedanken, daß man morden darf, daß man für lebende Menschen Krematorien errichtet. In den Gemütern der Kinder beginnt der Gedanke zu keimen, daß es verschiedene Arten von Völkern gibt. ›Herren‹, ›Knechte‹ und schließlich ›Hunde‹, die man straflos töten darf. Dies ist die schrecklichste Saat des blutigen Führers... Die Welt wird einmal aufhören, ein Schlachthaus zu sein. Ordnung und Friede werden zurückkehren. Und viele Jahre später wird ein Kind fragen: Hat man einen Menschen oder einen Juden getötet, Mutter?«

Anfang 1944 erschienen in Warschau zwei weitere Untergrundpublikationen mit ähnlicher Aussage. Die eine der beiden handelte von den erschütternden Ereignissen des aus Treblinka geflüchteten Juden Jankiel Wiernik. Sie wurden von ihm nach seiner gelungenen Flucht aus diesem Todeslager verfaßt und von der Koordinationskommission sämtlicher jüdischer Untergrundorganisationen, die damals in Polen tätig waren (der zionistischen Organisationen und des »Bund«), herausgegeben. Ich nahm an der Verbreitung der Broschüre, die unter dem Titel »Ein Jahr Treblinka« herauskam, teil und vermittelte deren Übergabe an den Kurier der Untergrundbewegung, der nach London fuhr. Die zweite der erwähnten Publikationen war eine Anthologie von Gedichten unter dem Titel: »Aus dem Abgrund«, die elf Gedichte polnischer und jüdischer Dichter enthielt. Neben Werken von Mieczysław Jastrun und Czesław Miłosz fanden sich dort auch Gedichte von weniger bekannten Autoren, wie Michal

Borwicz und Tadeusz Sarnecki, die ähnliche Gedanken wie jene zum Ausdruck brachten. Sarnecki war auch der Verfasser der poetischen Widmung für diese Anthologie. Sie begann mit Worten, die deren Sinn klar umrissen: »Jenen, die den Mut hatten, widme ich diese flammende Hymne: den gegen die Übermacht des Feindes kämpfenden Juden Warschaus«.

Sämtliche Gedichte waren der Tragödie und der Vernichtung der polnischen Juden gewidmet. Es gelang uns, die Anthologie ins Ausland zu schaffen, wo sie noch während des Krieges in den Vereinigten Staaten herausgebracht wurde und bald danach auch in Palästina in Übertragung in hebräischer Sprache erschien. Wie stark der Eindruck der Stimme der Dichter des sterbenden Volkes auf die freie Welt im Jahre 1944 war und wie sehr sie im Einklang mit jener der polnischen Dichter stand, bezeugen die Worte des polnischen Schriftstellers Jozef Wittlin, die damals in den Vereinigten Staaten veröffentlicht wurden:

»Die Hand erzittert, die Zunge wird trocken, der Atem stockt – wenn wir diese Gedichte lesen. Die Scham brennt in den Augen, wenn sie die schwarzen Trauerzeilen dieser schönen, aber mit Bitterkeit erfüllten Buchseiten entlanggleiten. Die Augen schämen sich, daß sie diese gesungenen Reliquien der Vernichtung und des Heldentums lesen, daß sie lesen können und nicht blind werden. Die Worte, aus denen diese Dichtung erblüht, sind doch die gleichen polnischen Worte, die eben den Menschen zur Verständigung mit den Lebenden dienen. Und doch glaubt man, daß dies die Sprache von Menschen ist, die Gott schon getröstet hat.«

Diesen Gedichtband vertrieb ich gemeinsam mit den anderen Mitarbeitern des »Hilfsrates für Juden« im Verlauf von einigen Monaten, und durch die Beobachtung der Reaktion, die er bei seinen Lesern hervorrief, kann ich feststellen, daß er in hohem Maße zum Erwekken der Gewissen und zum tieferen Verstehen der Tragödie des jüdischen Volkes beitrug, unter anderem auch in den Kreisen der jungen Intelligenz und der akademischen Jugend.

Diese Erinnerungen an die Jahre des Grauens, die sich natürlich nur auf eine Auswahl von Problemen beschränken können, möchte ich mit einem Geständnis beenden. Zu den wertvollsten Erlebnissen meines Lebens viele Jahre nach dem Krieg gehörte der Augenblick, als ich im Oktober 1963 nach der Entzündung des ewigen Feuers in der Krypta auf dem Berg des Gedenkens (Har Hazikaron) in Jerusalem (Yad Vashem[13]) neben dem symbolischen Grab, in dem die Asche der Opfer des jüdischen Volkes aus sämtlichen Nazikonzentrationslagern bestattet ist, die Eidesformel in hebräischer und, nachher wiederholt, in polnischer Sprache hörte, die mit folgenden Worten endet:

»Wir gedenken der heldenhaften Taten der Ghettokämpfer, der Untergrundkämpfer, der Partisanen und Soldaten, die den Leitspruch des Kampfes gegen die übermächtigen Kräfte des Feindes zur Rettung der Ehre ihres Volkes folgten. Mit Ehrerbietung gedenken wir jener, die mit Würde und Beharrlichkeit ihr Menschentum verteidigten; jener, die im Namen der heiligsten menschlichen Ideale und unter Lebensgefahr den Juden Hilfe leisteten.«

Ich dachte damals an alle meine Freunde und Mitarbei-

---

[13] Yad Vashem, ein Wort aus dem Buch Jesaja (Jes. 56,5) bedeutet: ein Denkmal und ein Name. Yad Vashem ist eine von der israelischen Knesseth (Parlament) errichtete Gedenkstätte in Jerusalem für die jüdischen Opfer der NS-Herrschaft in Europa und eine Mahnung zum Frieden. Das Institut hat u. a. die Aufgabe, dokumentarisches Material über alle Juden zu sammeln, die ihr Leben im Kampf und im Aufstand gegen die Nationalsozialisten und deren Helfer verloren haben. Gleichzeitig wird in der Gedenkstätte der »Gerechten aller Völker« gedacht, die ihr Leben aufs Spiel gesetzt haben, um Juden zu retten.

ter, Polen und Juden, mit denen ich das Glück hatte, gemeinsam für eine Sache zu arbeiten, in der wir in jenen Tagen nicht nur die Aufgabe der Rettung des Lebens anderer, sondern auch die Frage der Rettung der eigenen Menschenwürde erblickten.

Heute steht als Testament des Leidens und Martyriums, der Tränen und des Blutes der Opfer des Warschauer Ghettos und der Lager das Bewußtsein, daß unzählige Menschen im letzten Weltkrieg Opfer eines planmäßig propagierten Rassenhasses geworden sind. Der Sinn des Lebens der großen Menschenfamilie kann auf Dauer nur bewahrt werden durch das Bemühen, alles was Menschen trennt zu überwinden – durch aktive Verteidigung der natürlichen Rechte der Menschen auf ein von Angst freies und würdiges Leben und durch die ständige Erinnerung an alles, was die Menschen verband und verbindet.

Nach vierzig Jahren

Im Laufe der vierzig Jahre, die seit dem Kriege vergangen sind, waren mir alle diese Ereignisse, deren Zeuge ich war, stets in lebendiger Erinnerung, und in Gedanken kehrte ich oft zu den Menschen auf beiden Seiten der Ghettomauern zurück, mit denen ich in dieser tragischen Zeit so eng verbunden war. Nach Möglichkeit pflegte ich die Kontakte zu jenen Juden und Polen weiter, deren Leben durch die damaligen Erlebnisse ebenso nachhaltig verändert wurde wie das meine. Als Publizist, Schriftsteller, Historiker und Dozent an Höheren Schulen beschäftigte ich mich bei meiner Arbeit immer wieder mit der Frage des Schicksals und der Erfahrungen der Menschen in der Zeit des Zweiten Weltkrieges. Ich sprach darüber in Polen, aber auch in Israel, England, Amerika und Deutschland. Als bewußter Zeuge jener Ereignisse erweckte ich bei den Zuhörern häufig großes Interesse und wurde mit Fragen überschüttet, die dem Wunsch entsprangen, Dinge verstandesmäßig zu begreifen, die sich nur allzu oft einer rationalen Interpretation entziehen. Es bleibt nur der vage, völlig unzulängliche Versuch, sich die menschlichen Schicksale vorzustellen.

Nachdem dieses Buch zum 40. Jahrestag des heldenhaften und tragischen Aufstandes im Warschauer Ghetto erschienen war, wurde ich öfters vor allem von Lesern der mittleren und jüngeren Generation nach dem weiteren Lebensweg der hier meist nur kurz erwähnten Menschen gefragt. Es ist nicht einfach, dieses Interesse zu befriedigen, denn nahezu jeder Jude oder Pole, dem ich während des Krieges begegnet bin, könnte der Held einer ihm eigens gewidmeten Geschichte sein, und manches authentische Erlebnis aus dem besetzten Polen – sei es in Warschau oder in Krakau geschehen, im Ghetto oder außerhalb seiner Mauern, im polnischen oder jüdischen Widerstand, in den Gefängnissen oder Lagern – könnte die Grundlage bilden für ein Filmdrehbuch oder für eine großangelegte literarische Bearbeitung. Auf jeden Fall könnte eine Vielzahl dieser Erlebnisse der Ausgangspunkt sein für ethische, psychologische oder geschichtsphilosophische Überlegungen und Meditationen, vor allem aber für die Ergründung der philosophischen Frage: Was ist der Mensch und was kann er sein.

Ich beschränke mich jedoch auf einige kurze Angaben über das weitere Schicksal der wichtigsten, in diesem Bericht erwähnten Personen.

Aus den Reihen der Organisatoren und Teilnehmer der jüdischen Widerstandsbewegung in Polen haben nur wenige das Ende des Krieges erlebt. Jozef Kapłan wurde von der Gestapo gefaßt und bezahlte 1942 seinen Einsatz für Freiheit und Würde mit dem Tode. Mordechai Tenenbaum kam 1943 ums Leben. Szmul Breslaw überlebte zwar den Aufstand im Warschauer Ghetto 1943, fiel aber ein Jahr später, als er beim großen Warschauer Aufstand mitkämpfte, der im August 1944 ausbrach und die Befreiung der Hauptstadt Polens zum Ziele hatte.

Aus dem ersten Stab der zionistisch-sozialistischen Kampforganisation, die im Juli 1942 im Warschauer Ghetto gegründet worden war, überlebten Jitzchak Cukierman und seine Frau Cywia Lubetkin die Schreckenszeit. Beide verließen kurz nach Beendigung des Krieges Polen und emigrierten nach Israel, wo sie sehr bekannt waren und sich allgemeiner Achtung erfreuten. Über 30 Jahre lebten sie im Kibbuz Lohamei Haghettaot (Helden des Warschauer Ghettos) in Galilea in der Nähe von

Naharia und Akko. Während meines Aufenthaltes in Israel im Jahre 1963 besuchte ich sie dort. In ihrem Kibbuz hatten sie tatkräftig dazu beigetragen, daß ein Forschungszentrum mit angegliedertem Museum und Archiv aufgebaut wurde, das hauptsächlich der Geschichte des Warschauer Ghettos und der jüdischen Widerstandsbewegung in Polen während des Zweiten Weltkrieges gewidmet ist. Dieses Forschungszentrum trägt den Namen von Jitzchak Kacenelson, eines Warschauer Juden, Pädagogen und Dichters, der in einem nationalsozialistischen KZ ermordet worden war. In die Literaturgeschichte jener Zeit ging Kacenelson vor allem als Autor des erschütternden Gedichtes »Lied vom ermordeten jüdischen Volk« ein. Cywia Lubetkin starb am 13. Juli 1978, Jitzchak Cukierman am 17. Juni 1981.

Der in meinem Bericht öfters genannte Arie Wilner (Pseudonym »Jurek«) nahm sich zusammen mit Mordechaj Anielewicz am 8. Mai 1943 in aussichtsloser Lage – der Bunker im Warschauer Ghetto, in dem sich beide mit noch einigen Kampfgenossen befanden, war von SS-Männern umstellt – das Leben, um sich dem Feinde nicht ergeben zu müssen. Sein Vater und seine Schwester Gusta Wilner, die zusammen mit ihm im Widerstand tätig war, überstanden den Krieg und lebten danach in Tel Aviv.

Marek Edelman, der dem Stab der Jüdischen Kampforganisation als Abgesandter des »Bundes« angehörte, einer der Vertreter von Anielewicz, Mitorganisator und einer der Anführer bei den Kämpfen im Warschauer Ghetto im April und Mai 1943, hat nach dem Kriege in Polen sein Medizinstudium beendet und lebt heute als hochangesehener Herzspezialist in Lodz. Er gehört in Polen zu den bekanntesten Persönlichkeiten und wird von aufrechten Menschen nicht nur wegen seiner vorbildlichen Haltung als Arzt, sondern auch wegen seiner menschlichen Qualitäten, seines Edelmuts, seiner Geradlinigkeit und bemerkenswerten Zivilcourage hoch geachtet. In den Jahren 1980–1981 war er in der »Solidarität« sehr aktiv. Nach dem Tode von Jitzchak Cukierman ist Marek Edelman der einzige noch lebende Anführer des jüdischen Widerstandes in Polen während des Zweiten Weltkrieges. Der Jurist Dr. Leon Feiner (geb. 1888), Vizepräsident des geheimen Hilfsrates für Juden, starb am 22. Februar 1945 an Krebs. Er erlebte zwar das Kriegsende nicht mehr, starb aber als freier Mann, denn zu diesem Zeitpunkt waren die Deutschen auf dem Rückzug und hatten Teile Polens bereits verlassen.

Der Psychologe Dr. Adolf Berman (geb. 1906) und seine Frau Barbara lebten nach dem Krieg zunächst in Warschau, wo Berman Vorsitzender des Zentralkomitees der Juden in Polen war, und übersiedelten wenige Jahre später nach Israel. Dort war Adolf Berman eine Zeitlang in der Knesseth tätig als Abgeordneter der linkssozialistischen Partei Mapam. Später wechselte er zur Kommunistischen Partei Israels über. Ungeachtet mancher Differenzen in politischen Fragen wurde er in Israel und in jüdischen Kreisen in aller Welt wegen seiner Verdienste in der Zeit des Zweiten Weltkrieges geschätzt. 1953 starb seine Frau Barbara. Ein viertel Jahrhundert später, am 3. März 1978, starb Adolf Berman in Tel Aviv. Er begegnete allen, die mit ihm die schicksalsschweren Jahre des Krieges durchlebt hatten, stets mit großer Herzlichkeit. 1963 übermittelte er mir in Tel Aviv das Manuskript eines Berichtes, der in einem meiner Bücher erscheinen sollte. Der Text begann mit folgenden Worten: »Es kommt noch die Zeit für das Große Goldene Buch der Polen, die in dieser schrecklichen ›Zeit der Verachtung‹ den Juden helfend die Hand gereicht und sie vor dem Tod gerettet haben und die für die jüdische Untergrundbewegung zum erhebenden Symbol der Humanität und der Brüderlichkeit der Völker geworden sind.«

An dieser Stelle sollte ich vielleicht erwähnen, daß die beiden hervorragenden Professoren der Warschauer Universität, Stanisław Ossowski und Maria Ossowska, durch deren Vermittlung ich im Herbst 1942 Berman kennenlernte, den Krieg überstanden haben. Stanisław Ossowski starb im November 1963, Maria Ossowska im August 1974 in Warschau.

Nicht mehr unter uns sind die wichtigsten, verdientesten und tatkräftigsten Organisatoren des Hilfsrates für Juden in Polen. In Warschau leben zwar noch der Jurist Doktor Stanisław Dobrowolski, Sozialist und ehemaliger Vorsitzender des Hilfsrates für Juden in Krakau, und Irena Sendlerowa, eine emeritierte Lehrerin, die sich seinerzeit bei der Rettung jüdischer Kinder besonders hervorgetan hat. In Tel Aviv lebt die Journalistin Miriam Peleg, die während des Zweiten Weltkrieges im polnischen und jüdischen Widerstand in Krakau unter dem Namen Maria Hochberg-Mariańska sehr aktiv war. Es lebt schließlich auch noch der Verfasser dieser Worte mit ständigem Wohnsitz in Warschau und zur Zeit vorübergehend in Westdeutschland. Aber die beiden Organisatorinnen des Hilfsrates für Juden im besetzten Polen, Zofia Kossak-Szatkowska (geb. 1892) und Wanda Krahelska-Filipowicz (geb. 1886), starben beide im Jahre 1968. Der erste Vorsitzende des Hilfsrates, der Sozialist Julian Grobelny (geb. 1893), erlag schon im Dezember 1944 seinem Tuberkuloseleiden. Der Vizevorsitzende des Hilfsrates, Tadeusz Rek (geb. 1906), starb in Warschau am 11. November 1968, der Schatzmeister Ferdynand Marek-Arczyński (geb. 1900) am 16. Februar 1979 und die Leiterin des Büros und des Sekretariats des Hilfsrates, Zofia Rudnicka (Lusia Hausman), am 7. Februar 1981. Die Initiatorin und Vorsitzende des Hilfsrates in Lemberg, Władysława Chomsowa, eine Majorswitwe, verbrachte die ersten Nachkriegsjahre als politische Emigrantin in London und siedelte dann – auf Drängen ihrer Freunde – nach Israel über. Sie starb 1966 in Haifa und fand dort ihre letzte Ruhestätte.

Stark zusammengeschmolzen ist auch der Kreis der Intellektuellen, die bei der Sammlung und Bearbeitung der Informationen über die Lage der Juden im besetzten Polen und ihre Übermittlung in den Westen eine besonders große Rolle gespielt haben. Der bekannte Historiker Stanisław Herbst, der nach dem Krieg an der Warschauer Universität lehrte, starb am 24. Juni 1973. Aleksander Kaminski, der sich mit Themen aus dem Bereich der Theorie und Geschichte der Pädagogik beschäftigte, emeritierter Professor der Universität Lodz, starb am 15. März 1978. Zuletzt aber, am 12. März 1986, starb in Kattowitz Henryk Wolinski, Rechtsanwalt und seinerzeit Leiter des Judenreferats der Heimatarmee. Nach dem Tode von Henryk Wolinski erschien in einer der Warschauer Tageszeitungen folgende Todesanzeige:

»Am 12. März 1986 verstarb Henryk Wolinski – ›Wacław‹. Im Namen aller Soldaten der jüdischen Kampforganisation erweise ich ihm tiefste Ehrerbietung. – Marek Edelman.«

Von den Schriftstellern, die in den konspirativen Publikationen der Widerstandsbewegung in freier oder auch gebundener Rede Leid, Tod und Kampf der polnischen Juden in der Zeit der Endlösung beschrieben, leben noch Maria Kann in Warschau, Michał Borwicz in Paris und in Berkeley Czesław Miłosz, Literaturnobelpreisträger des Jahres 1980.

Die beispiellose Tragödie der Juden in den Jahren des Zweiten Weltkrieges, die Absicht, das Volk Abrahams und Isaaks vollständig zu vernichten, wurde zu einem großen Prozentsatz durch Christen realisiert. Sicherlich, durch Menschen, deren Verhalten dem Fünften Gebot

130

und dem Gebot der Nächstenliebe hohnsprach. Aber eben doch durch Europäer, die in einem Teil der Welt geboren und aufgewachsen sind, in dem sich ethische Werte auf der Grundlage christlicher Gebote und Traditionen herauskristallisiert haben. Seit über vierzig Jahren beschäftigt das Phänomen des Verbrechens, das als ›Endlösung der Judenfrage‹ in die Geschichte einging, das Gewissen und die Gedanken der Philosophen, Psychologen, Soziologen, Historiker und ganz gewöhnlicher Sterblicher mit einer gewissen moralischen Sensibilität. Immer wieder taucht die Frage auf: Wie konnte es dazu kommen und was folgt daraus für die Menschheit und für jeden von uns?

Als ich diesen Bericht niederschrieb, fühlte ich mich schlicht verpflichtet, die Wahrheit zu bekunden, indem ich mich auf diesen Teil der Erfahrungen berief, an denen ich selbst teilhatte in der Stadt Warschau an der Weichsel in Europa. Ich weiß, daß die Vernichtung der Juden die Vollstrecker dieses Verbrechens in besondere Weise und unmittelbar belastet. Aber mittelbar belastet sie auch all diejenigen, die sich der Sünde der Unterlassung schuldig gemacht haben: der Gleichgültigkeit, Kleinmütigkeit und Feigheit.

In der Allee der Gerechten unter den Völkern der Welt in Jerusalem, die 1962 angelegt wurde, stehen mittlerweile einige Tausend Johannisbrotbäume, die gewissermaßen symbolisch an bekannte – aber auch an schon unbekannte – Menschen verschiedener Nationalitäten erinnern, die in jenen schrecklichen Jahren dem Ruf des Gewissens gefolgt waren, ihre Angst überwunden hatten und mitgeholfen haben, das Leben der zum Tode verurteilten Juden zu retten. Auf den Medaillen, die die Ausgezeichneten erhalten, sind die Worte eingraviert: »Wer ein Leben rettet, rettet die ganze Welt.« Neben niederländischen, dänischen und französischen Bäumen wachsen ungefähr 1 500 Bäume, die Tafeln mit polnischen Namen tragen. Mancher in meinem Bericht erwähnte Name ist darunter zu finden. Dort gibt es auch Bäume mit Namen der Gerechten aus Deutschland und Österreich.

Als Gott mit dem Untergang der Stadt Sodom wegen der dort geschehenden Untaten drohte, setzte sich Abraham für deren Bewohner ein. Gott antwortete ihm auf sein Flehen, daß er die Stadt auch um nur zehn Gerechten willen nicht vernichten werde (Gen. 18,32). Mir scheint, daß diejenigen, die in den Jahren des Zweiten Weltkrieges die Möglichkeit hatten, sich dem Verbrechen zu widersetzen, sowie die, die vom Untergang gerettet die Taten menschlicher Solidarität in Erinnerung rufen, in einer gewissen Weise dazu beigetragen haben und beitragen, daß die Welt auch nach Auschwitz nicht ganz ohne Hoffnung ist.

Eichstätt, im Juni 1986   W. B.

Władysław Bartoszewski: Lebensdaten

1922   19. Februar: geboren in Warschau als Sohn eines Beamten
1939   Mai: Abitur
September: Sanitätshelfer bei der zivilen Verteidigung,
später beim Roten Kreuz in Warschau
1940   19. September: Festnahme bei einer SS-Razzia gegen
polnische Intellektuelle
22. September bis 18. April 1941: Konzentrationslager
Auschwitz
1941   Oktober: Aufnahme der Studien an der geheimen Warschauer Universität
1942   Frühsommer: Beginn der Hilfsaktion für die verfolgten
Juden in der katholischen Widerstandsgruppe ›Front
der Wiedergeburt Polens‹, Warschau
August: Eintritt in die Heimatarmee
Herbst: Redaktionssekretär der katholischen Wider-
standszeitschrift *Prawda* (Die Wahrheit), Warschau
Dezember: als Mitglied beim neu gegründeten Hilfsrat
für Juden in Warschau tätig.
Mitbegründet und Chefredakteur der Widerstandszeit-
schrift für die katholische akademische Jugend *Prawda
mlodych* (Die Wahrheit der Jugend). Die Zeitschrift
wurde im Sommer 1944 eingestellt
1942/43 Winter–August 1944: stellvertretender Leiter im
Judenrat der Delegatur der Londoner Exilregierung in
Polen
1944   August–Oktober: Teilnehmer am Warschauer Aufstand
November–Januar 1945: Dienst in der Heimatarmee in
Krakau. Sekretär des größten Blattes der Heimatarmee,
Biuletyn Informacyjny
1945   Februar: Rückkehr nach Warschau
Herbst: freier Journalist
Mitarbeit in der Hauptkommission für die Untersu-
chung der Nazi-Verbrechen

1946 Januar–November: Redaktionsmitglied der einzigen oppositionellen Tageszeitung im Nachkriegs-Polen, *Gazeta Ludowa,* Warschau

15. November bis 10. April 1948: in Haft

1949 14. Dezember bis 15. August 1954: wieder in Haft. Verurteilt zu acht Jahren Gefängnis wegen angeblicher Spionagetätigkeit

1955 März: als unschuldig anerkannt

August: Hilfskraft im Polnischen Bibliothekarsverband

1957–1960 Redakteur bei einem Fachwochenblatt in Warschau seit 1957 ständige Mitarbeit bei der polnischen katholischen Wochenzeitung *Tygodnik Powszechny,* Krakau, seit 1982 Mitglied des Redaktionskollegiums

1965 Frühjahr: erste Studienreise in die Bundesrepublik Deutschland

1969 Vorstandsmitglied des polnischen P.E.N.-Zentrums

1970 1. Oktober: 27stündige Hausdurchsuchung, in den folgenden Monaten erneute Repressalien

1972–1982 gewählter Generalsekretär des polnischen P.E.N.-Zentrums. Nach der Verhängung des Kriegsrechts wurde das P.E.N.-Zentrum Ende 1981 geschlossen, im August 1983 wurde der Vorstand durch die Verwaltungsbehörden aufgelöst

1973 bis Sommer 1985 Gastprofessor für polnische Zeitgeschichte an der Katholischen Universität Lublin

1976 Januar: Unterschrift unter einen öffentlichen Protest gegen die Verfassungsänderung der Volksrepublik Polen

1978 Januar: Mitbegründet der Gesellschaft für wissenschaftliche Kurse und Professor der illegalen Fliegenden Universität (bis Ende 1979)

1980 21. August: Unterzeichner des Solidaritätsbriefes der Intellektuellen an die streikenden Arbeiter in Danzig

1980/1981 Mitglied der freien Gewerkschaft ›Solidarität‹. Mitbegründer des Komitees zur Verteidigung der politisch Verfolgten beim Vorstand der Gewerkschaft ›Solidarität‹

1980 November: Mit dem Papst in der Bundesrepublik Deutschland

1981 13. Dezember bis 28. April 1982: im Rahmen der Ausrufung des Kriegsrechts in Haft

1982 Oktober–Juni 1983: Stipendiat des Wissenschaftskollegs in Berlin (Institute for Advanced Study)
1983 Herbst–Sommer 1984: Gastprofessur am Geschwister-Scholl-Institut der Ludwig-Maximilians-Universität zu München
1985 Herbst–Sommer 1986: Gastprofessur an der Katholischen Universität Eichstätt
1986 Herbst–Sommer 1987: Gastprofessur am Geschwister-Scholl-Institut der Ludwig-Maximilians-Universität zu München

Auszeichnungen

1963 Bartoszewski wird durch die Verleihung einer Medaille als »Gerechter unter den Völkern der Welt« geehrt und pflanzt einen Baum in der Allee der Gerechten bei Yad Vashem in Jerusalem
1967 Preis der Jurzykowski-Foundation, New York
1975 Preis des polnischen P.E.N.-Clubs
1976 Ehrenring des österreichischen P.E.N.-Clubs
1980 Ehrenmitglied der Catholic Writers Guild, London, und Preis der Kosciuszko-Foundation, New York
1981 Ehrendoktor der Philosophie der Freien Polnischen Universität im Ausland, London
1982 Durch Beschluß aufgenommenes Mitglied des Französischen P.E.N.-Zentrums
1983 Herder-Preis der Stiftung F.V.S., Wien
1984 Ehrendoktor der Geisteswissenschaften des Baltimore Hebrew College, Baltimore, USA
1986 Verleihung des Friedenspreises des Deutschen Buchhandels

Register

Organisationen, Parteien, Institutionen

139

Inhalt